グローバル化時代の文化・社会を学ぶ

文化人類学／社会学の新しい基礎教養

長友 淳 編
Jun Nagatomo

世界思想社

目次

はじめに　　　　　　　　　　　　　　　　　　　　　　　　8

第1部　異文化を学ぶ

第1章　文化の概念
　　　——文化人類学における文化の概念と文化相対主義　　12

文化人類学とは——文化をミクロな視点で解釈的に学ぶ／文化人類学における文化の概念／文化相対主義——文化研究における基本的視点・姿勢

第2章　社会学の基礎
　　　——学問的系譜と視点　　　　　　　　　　　　　　20

社会学とは／構造論——E.デュルケーム以来の系譜／行為論——M.ウェーバー以来の系譜／相互作用論——G.ジンメル以来の系譜／戦後の社会学の潮流——T.パーソンズ，P.バーガー，M.フーコー，P.ブルデュー

第3章　人種・民族
　　　——人種と民族の違いとは何か？　　　　　　　　　28

人種とは／民族とは／用語の整理——エスニックおよびエスニシティ／民族と国家の関係を考える——福沢諭吉が見た

「日本人」／エスニック・アイデンティティの研究——動態性への着目

第4章　性　差
　　——ジェンダーと「らしさ」　　　　　　　　　　　35

性差と文化人類学／性別分業と「女らしさ」の固定化／美と「真正性」

第5章　宗　教
　　——近代化との関連において　　　　　　　　　　　42

宗教と科学／宗教の衰退とリバイバル／二元論を超えて——トランスナショナルな展開と情報技術

第6章　呪　術
　　——現代社会におけるその意味とは？　　　　　　　49

呪術とは何か／願いと解釈／医療と呪術／現代における呪術の意味とは？

第7章　贈与交換論
　　——見返りを期待しないプレゼントはあるのか？　　56

贈与交換をめぐる文化人類学的解釈／マルセル・モースの社会学——贈与交換論の発展・専門的研究／贈与交換論をめぐる研究・理論／贈与交換をめぐる応用的事例——地域通貨の事例

第2部　変化する社会を学ぶ

第8章　近代化と国家
　　　　　——近代とはいかなる時代か？

近代化とは／近現代社会の社会類型／近代社会の特徴——ミッシェル・フーコー著『監獄の誕生』より／近代における国家とは／国民国家とナショナリズム／流動化する近代——後期近代におけるリスク社会化

第9章　世界システム
　　　　　——ネットワーク化する世界の可能性とは何か？

近代社会と資本主義／世界システム——資本主義体制のグローバリゼーション／世界社会システムの共通文化——ネオリベラリズムの台頭／ネットワーク型の世界システム——グローバル・シティと〈帝国〉／ネットワーク型社会の連帯可能性——サブ政治，あるいはマルチチュード

第10章　伝統の発明
　　　　　——近代社会における伝統の役割を捉えなおす

私たちの「伝統」／伝統的社会から近代社会へ／「創られた伝統」——ネーションと国民国家／「創られた伝統」——グローバルな政治と経済のなかで／「伝統」をひもとくまなざし

第11章　ポストコロニアル理論
　　　　——「近代」を問いなおすための試み　　　89

「ポスト」コロニアル／ポストコロニアル理論における近代国家／ポストコロニアル理論における主体／ポストコロニアル理論とグローバリゼーション

第12章　カルチュラル・スタディーズと文化の動態性
　　　　——「政治」としての文化理解に向けて　　　97

文化へのまなざし／カルチュラル・スタディーズの誕生／カルチュラル・スタディーズの展開

第13章　観　光
　　　　——文化のせめぎあう場として捉える　　　105

文化人類学（者）と観光／観光の場における文化とは？／ホストとゲストの相互作用のなかで／観光と文化の資源化

第3部　グローバル化時代の文化の越境と動態性

第14章　文化を記述する
　　　　——文化を語る権利は誰にあるのか　　　114

文化を記述すること／表象の危機——ポストコロニアル理論の方法論的影響／文化を語る権利は誰にあるのか／フィールドワークの方法論的展開——省察的参与観察へ

第15章　グローバル化論・トランスナショナリズム論　121
　——グローバル化＝アメリカ化か？

グローバル化とは——社会学および文化人類学における概念／グローバル化と近代の関係性／文化の動態性を研究するグローバル化論／トランスナショナリズム論

第16章　グローバル化時代の移住・移民　128
　——かつての移住・移民と何が違うのか？

移住形態の変化／国家による移民の位置づけ／エスニック・コミュニティの変化／移民研究の新たな動き

第17章　越境するメディアとポピュラー文化　135
　——文化商品の越境から見えるもの

タイにおける現況から／越境とその相互作用／同時代性，脱領土化，再領土化

第18章　文化とアイデンティティの政治　142
　——文化的アイデンティティの「本質化」とその「攪乱」

文化とアイデンティティ／文化とアイデンティティ——文化資本／アイデンティティ・ポリティクス——異議申し立てのための文化的戦略／抵抗する文化的アイデンティティ——非決定性のアイデンティティ・ポリティクス／政治的実践としての文化的アイデンティティ

第4部　実践編

第19章　レポートの書き方
　　　　　──論理的に書く手法と引用方法　　　152

書くべき内容を書く──最大のヒントは「レポート指示文」にある／論理的に書く──段落構成とトピックセンテンスの重要性／文章・レポートのルールを守る──引用方法と日本語のルール

第20章　フィールドワークに出よう
　　　　　──フィールドノーツ作成法・質的社会調査方法論　　　160

質的調査の意義／基本的姿勢とフィールドノーツの書き方／聞き取り調査の方法論／聞き取り調査後の作業

おわりに　　　168
人名索引　　　169
事項索引　　　171

はじめに

　リビングルームのソファはスウェーデンの会社が販売した中国製のもので，テレビではアメリカ映画から韓国ドラマまで見ることができる。そのテレビは日本製だが台湾・中国・韓国・日本製の部品を使用し，日本在住のフィリピン人や日系ブラジル人が製造している。アメリカ企業に勤めるインド人IT技術者によって開発された携帯音楽プレイヤーを使用し，機器の故障でコールセンターに電話すれば，オーストラリア在住の日本人オペレーターにつながる。実際にわれわれは今日，そのような時代に生きている。

　このような物的・文化的越境や国境を超える関係性は，今日の文化人類学や社会学では「トランスナショナリズム」と呼ばれている。グローバル化が進展する今日，人やモノ，資本など，さまざまなものの越境と流動化が生じている。この越境と流動化には「文化」も含まれ，今日の文化研究においては，文化を動態性に満ちたものとして捉える必要性が生じている。一昔前までの文化研究や比較文化研究は，「○○の文化」「○○人の国民性」というように，文化やカテゴリーは固定されたものであり，時代が変わっても継続するものであると捉える視点（「本質主義的視点」という）が前提とされていた。

しかし,グローバル化が進展する現在,これまで「〇〇の文化」と捉えていた〇〇というカテゴリー自体が動態性に満ちており,その文化自体も流動的にかたちを変えているという事態が,より多く発生するようになっている。このようにトランスナショナリズム時代の文化や社会とは,流動性と動態性に満ちており,それらを読み解くための視点と理論を身につけることは重要である。

 また,今日の学問的状況も流動性に満ちたものとなっており,学問領域間の融合も進んでいる。特に社会学と文化人類学では,その傾向が顕著にみられ,グローバル化論・トランスナショナリズム論・ジェンダー論・ポストコロニアル理論などの理論面での交差や,質的社会学と文化人類学の方法論的融合などが進み,質的社会学(例:インタビューやメディア研究)と量的社会学(例:統計的研究)に大別される社会学分野のうち,質的社会学に関しては,もはや文化人類学とのあいだの垣根は消滅していると言っても過言ではない。また,日本の大学では「比較文化論」や「異文化理解」などの総合的な科目が主に1〜2年生むけの講義として一般的に開かれているほか,社会学と文化人類学の融合的分野において観光社会学などの派生領域が発展している。

 以上のような現状を踏まえ,本書は文化人類学,社会学および比較文化論や異文化理解などの幅広い社会・文化研究の基礎理論・視点をカバーする入門書として書かれている。今日の文化研究は,狩猟採集文化から都市のポピュラーカルチャーまで,幅広く扱ってい

るので，本書では，文化人類学や社会学の基礎的視点を学べるだけでなく，文化の動態性や流動性を意識した現代的な視点や理論をも学習できる。

　また，本書は今日の日本の大学における双方向型教育やレポート執筆，アクティブ・ラーニングの手助けともなるものである。各章のトピックごとにディスカッションテーマを掲載している。これは講義内でのグループディスカッションを念頭においている。理論や視点を自分の言葉で説明したり，関連する具体的事例を考えたりする作業は，理論の深い理解につながるため，個人の復習作業にも役に立つものと考えている。また，本書はフィールドワークやレポート執筆の方法論をもカバーしている。講義形式のクラスではフィールドワークの方法論を学ぶことは難しい一方で，ゼミでは社会調査のスキルが必要とされる。レポート執筆の実践的技術もまたクラスで体系的に教育されるものではない。本書は，文化人類学や社会学を学ぶ大学１～２年生にとって，これらのアカデミックスキルの基礎を学ぶ手助けとなるように作られている。

　グローバル化は，「均質化」と「異質化」が同時進行するプロセスであり，今日の文化や社会を学ぶには，このような複雑性や動態性といった視点や理論的基礎が必要である。本書がこれらの有益な視点を学ぶことにつながれば幸いである。

長友　淳

第 1 部

異文化を学ぶ

The Study of Culture

第1章

文化の概念
―― 文化人類学における文化の概念と文化相対主義

文化人類学とは ―― 文化をミクロな視点で解釈的に学ぶ

　文化人類学は，人間や社会が作り出した慣習や現象あるいは言語や宗教など，さまざまな「文化」について，ミクロな視点で解釈する学問である。アンケートや統計分析を行う**量的調査**とは対極的な手法をとり，比較的限定された調査対象者の文化的視点や社会的行為を，**フィールドワーク**を通して解釈的に記述する**質的調査**を行う。フィールドワークでは調査地に長期間滞在し，**参与観察と聞き取り調査**を行い，必要に応じて各種の記録や写真などの収集も行う。参与観察とは，調査対象者とのかかわりを可能な限り深く保ちながら長期滞在し，記録日誌のような位置づけの**フィールドノーツ**を記しながら研究上の論点の抽出やインフォーマルな聞き取りを行う行為を指す。これらの作業を通して，最終的に**民族誌**（エスノグラフィー）すなわち調査される人びととの文化的事象や社会的行為に関する分厚い記述を書く。これらの質的調査を通して重要とされている点は，調査地の人びとが自身の文化を見るレベルの視点（エミックな視点）に迫ることや，そのために現地語の習得や長期間の現地滞在を通した調査対象者との信頼関係（ラポール）を形成すること，および自分の価値観や文化的立場から他文化を見てしまう**自文化中心主義**（エスノセントリズム）を排除する姿勢である。

　近代化・植民地主義の過程で非西洋に進出した欧米社会は，さまざまな異文化に遭遇し，文化人類学は19世紀後半から欧米におい

て「未開の文化」を研究する学問として展開されてきた。すなわち当時の文化人類学は、近代西洋社会(＝われわれ)が、未開社会(＝彼ら)の未知なる文化を研究する学問であった。この時代の文化人類学者は肘掛け椅子の人類学者(アームチェア・アンソロポロジスト)として批判されることも多い。これは彼らが、フィールドワークを行うことなく、探検家や宣教師、植民地行政者の収集物や記述などをもとに、西洋近代を進化の終点として異文化を捉える社会進化論的立場から異文化を研究していたためである。

現代的な人類学、すなわち綿密なフィールドワークに基づく民族誌を記述する手法が確立したのは、英国において**ブラニスワフ・マリノフスキ**の『**西太平洋の遠洋航海者**』(1922年)およびA. ラドクリフ=ブラウンの『**アンダマン島民**』(1922年)が出版され、米国において**フランツ・ボアズ**によるイヌイットの研究および彼の弟子による研究が進んだ1920年代以降であった。1940年代に入ると理論的展開と学問分野の確立が進み、属性や関係性の総体として文化を捉える**機能主義**、単一の進化過程を前提とした社会進化論とは対極的に限定的な範囲内での文化の伝播や進化を捉える新進化主義、文

トロブリアント諸島にてフィールドワークを行ったマリノフスキ

第1章 文化の概念

化と認識体系やパーソナリティーの関係性を研究する**文化とパーソナリティー論**などが展開された。なかでも**マーガレット・ミード**や**ルース・ベネディクト**はこの時代の人類学を代表する研究者であり，たとえば R. ベネディクトの『**菊と刀**』は，戦時中の米国の強制収容所で日本人の聞き取り調査を繰り返し，日本人の精神性を比較文化的に記述した名著として現在でも親しまれている。

1960 年代から 1980 年代には多様な学派や理論が生まれた。調査対象について閉鎖的で静態的なムラ社会を前提とせずにより広い社会や経済との動態的関係性やその権力関係に着目する**ポリティカル・エコノミー論**や，社会によって異なる事象の分類や意味づけのシステムを研究する**認識人類学**が展開された。また民族誌のあり方について他者としての人類学者の表面的解釈ではなく，現地社会の概念の多重性や文化的意味を深く記述すること（「厚い記述」(ティック・ディスクリプション)）による文化の解釈的アプローチを説いた**クリフォード・ギアーツ**の**解釈人類学**なども生まれ，今日の人類学に方法論的影響を与えている。

1980 年代後半以降，文化人類学は転換期を迎えることとなる。伝統的にムラ社会の研究を行っていた文化人類学は，経済開発にともなう「未開の消滅」によって調査地の激変を経験する。開発，環境問題，観光，HIV，移民の増加など，調査地で発生した新たな社会問題は，人類学の新たな研究対象となっていった。

また同時期には，これらのフィールドの変化に加えて，理論的にも転換が生じた。社会的事象を諸要素の関係性の体系として捉え，その構造に着目した C. レヴィ＝ストロースらによる**構造主義人類学**，伝統や文化の構築性や流動性に着目する構築主義的視点（第 10 章参照），E. サイードらによる**ポストコロニアル理論**（第 11 章参照）の流行による権力関係の差異への着目，G. マーカスや J. クリフォードらによる「人類学の人類学」とも呼ばれる人類学批判による文化を書く際の立場の違いや権力関係の落差への着目（第 14 章参

照）など，批判理論の展開が進んだ。これらの転換期の激流のなかで，文化人類学は新たな発展を遂げ，社会学・歴史学・人文地理学・民俗学との学問的交差，グローバル化論やトランスナショナリズム論などの理論的発展（第15章参照），ポピュラーカルチャーや若者文化およびメディア論など文化研究の対象の拡大など，現代の人文科学および社会科学のなかで新たな発展を遂げている。

文化人類学における文化の概念

　文化人類学における文化の概念は多様だが，古典的定義として**エドワード・タイラー**による定義を挙げることができる。タイラーは，「文化あるいは文明とは，広義の民族誌的意味においては，知識，信仰，芸術，道徳，法，習慣，その他社会の成員として人間が習得した能力を含む複雑な総体」と定義している。タイラーが定義に，「文化」に並列的に「または文明」と併記している点は，19世紀後半のヨーロッパにおける進化論の影響を示している。当時のヨーロッパでは，近代化を遂げるなかで進化論が社会科学全般にも影響を及ぼし，人間および人間の社会や文化も進化・進歩するものとして捉えられていた。その進歩の最先端はヨーロッパ社会とされ，当時の人類学は異文化を見る際に，洗練された文化（＝ヨーロッパ文明）を獲得するに至る過程のどの段階に該当するかという点を分析軸の一つとしていた。タイラーが文化を，社会全般に存在する，人間が生み出したものすべてを含む総体を指す概念として定義している点からも明らかである。この点では，「日本文化」のように通俗

---

(1) 筆者訳。タイラーの著書 *Primitive Culture* における原文は以下のとおり。"Culture or Civilization, taken in its wide ethnographic sense, is that complex whole which includes knowledge, belief, art, morals, law, custom, and any other capabilities and habits acquired by man as a member of society."

的かつ集合的意味あいで用いる文化概念と類似している。

　こうした伝統的な文化概念とは異なり，現代の文化研究に影響を与えている文化概念として，C. ギアーツによる「意味の網の目としての文化」を挙げることができる。ギアーツは著書『文化の解釈学』において文化とは，「象徴（シンボル）のなかに具現化された，歴史的に継承された意味のパターン」である点を示した。つまり，文化とは，意味を含む象徴に満ちた体系が，複雑に織物のように重なりあった総体として捉えられている。象徴に含まれる意味の解釈は，他者の視点からではなく，地元住民にとっての文化の意味や重層的な思考体系など，さまざまな文脈を丁寧に読み解き描写する「**厚い記述**」を行う必要があることをギアーツは提唱した。また，ギアーツは『ヌガラ――19世紀バリの劇場国家』においてバリの親族構造や宗教世界の儀礼や式典を解釈的に論じるなかで，E. ゴッフマンのミクロ社会学的視点を持ち込み，君主や僧侶，民衆が一種の舞台装置に演劇的にかかわっている「劇場国家」としてのバリの姿を論じた。

　また，1980年代以降，ラディカルな文化概念も文化研究のなかで定着している。文化の本質性を批判的に捉える構築主義の視点は，伝統文化がかたちを変えずに脈々と継承され本質的に存在してきたものとする通俗的な視点とは対極的である。これは，E. ホブズボウムの『**創られた伝統**』や，J. アーリの『**観光のまなざし**』などにみられるように伝統文化や観光文化の研究に新たな方向性をもたらしている（第10章，第13章参照）。また，文化の流動性や動態性に着目する傾向も顕著になっている。なかでもスチュアート・ホールを中心としたカルチュラル・スタディーズの流行は，「プロセスとしての文化」すなわち文化の動態性に着目する視点を文化研究にもたらした。文化生産者が文化を生産するプロセスや，生産された文化が今度は逆に文化の受け手（オーディエンス）によって文化のかたちや意味を作り変えて再生産されるプロセスに着目するようになり，さまざまな主

体が織りなす相互作用のなかで流動性と動態性に満ちたものとして文化を捉える傾向が顕著になっている。

文化相対主義――文化研究における基本的視点・姿勢

　文化相対主義とは，すべての文化に優劣はなく対等に捉えられるという相対的視点や，異文化を見る際に自文化の価値や視点を尺度としてみるのではなく，異文化内部の視点からその価値観を理解することをめざす姿勢を指す。文化相対主義は今日の文化人類学の基盤的視点・姿勢となっている。その礎を築いたという意味でF. ボアズの学術的貢献は大きい。ユダヤ系ドイツ人のボアズは，カナダのバフィン島やブリティッシュ・コロンビアでイヌイットの言語や文化の伝播に関するフィールドワークを行った後にアメリカに移住し，1896年からコロンビア大学にて教鞭を執った。当時の人類学が現地調査を十分に行わずに異文化を進化論的に捉えていた点を批判し，フィールドワークを行う重要性と異文化に対する相対的視点の重要性を説いた。ボアズの文化相対主義は，指導した弟子たちにも引き継がれた。彼のもとからはM. ミードやR. ベネディクトら1940年代以降のアメリカ人類学の中心的研究者が輩出され，ボアズはアメリカ人類学の父と評されている。

　以上のように文化研究の基礎的理念・姿勢として定着している文化相対主義だが，その一方で，新たな疑問や批判も生んでいる。異文化を理解することは，異文化誤解を生んでいるのではないかとのラディカルな批判である。人類学は，「文化を書く」学問だが，その行為には決定的な「一方向性」が存在する。また，「書く者」と「書かれる者」とのあいだの権力関係の落差も存在する（第14章で詳述）。そのような意味で，文化人類学的アプローチは，綿密なフィールドワークを行い，その「理解」が「誤解」とならないように，みずからの視点ではなく調査を行っている対象の「内部者の視

点」から，その文化を理解することが求められるのである。

また，文化相対主義の限界として，人道上の問題や宗教的価値観をめぐる壁が挙げられる。文化相対主義に基づいて異文化を平等な視点で見たとしても，その異文化が人道的あるいは道徳的に（われわれにとって）「問題」を有している場合もある。たとえば世界には**割礼**（性器の一部を削除）を施す文化が存在している。男子は性器の先端の皮膚を削除するが，医療行為としての意味と大人になるための

文化人類学のフィールドワーク オーストラリアの日本人社会における参与観察

プロセスとしての**通過儀礼**の意味がある。これを欧米の人道主義や個人主義の観点から，本人の同意なしに性器の一部を削除するのは不当だと非難すれば，議論は不毛となる。また割礼のなかでも女子割礼と呼ばれ，性器の一部であるクリトリスを削除する風習を有する社会もある。その場合，議論はさらに複雑になる。なぜならば，女性は性的快楽を求めるべきではないというその社会における「文化」が，われわれの文化にとっては「人道問題」である一方で，文化相対主義の立場，すなわち異文化も対等で平等という視点に基づけば，その「問題」に対して介入する権利がなくなる，ということになってしまうのである。

以上のように，文化相対主義にも限界が存在するものの，文化研究における方法論的態度としては，欠かすことのできないものである。われわれ文化を学ぶ者としては，ここまで見てきたような，文

化を書くという行為や立場の問題，あるいは，文化相対主義の限界などを踏まえたうえで，綿密なフィールドワークを行い，可能な限り内部者の視点からその文化を捉える建設的な努力を重ねることが求められる。

Discussion ディスカッションテーマ

①文化人類学における文化の概念について，自分の言葉で説明しなさい。
②文化相対主義の限界の事例として，具体的にどのようなものが挙げられるか？また，その際に何がどのように限界と言えるのか。

さらに勉強したい学生のための読書案内

片山隆裕編『アジアから観る・考える——文化人類学入門』ナカニシヤ出版，2008。
文化人類学的視点を現代社会の研究に応用するおもしろさが伝わる本。医療，観光，武道などの現実の事例を，現代的な理論から解釈的に論じている。

ベネディクト，R.『菊と刀』（長谷川松治訳）講談社学術文庫，2005 [1946]。
文化とパーソナリティー論の時期の名著。日本人研究の古典。義理や恥といった日本独特の価値観について，綿密な聞き取り調査から描いている。

第2章
社会学の基礎
―― 学問的系譜と視点

社会学とは

　社会学とは社会と人間の関係性を学ぶ学問である。それゆえ学問領域は広大であり,構造と意味を客観的・分析的・解釈的に読み解く視点（＝すなわち社会学的視点）が特徴である。方法論的には**量的社会学**と**質的社会学**に大別され,前者は統計的手法をとりながらマクロな傾向を把握する学問であり,後者は参与観察や聞き取りに基づく研究やメディアの解釈的研究など,ミクロな視点で実態を描き出す傾向をもっている。社会学が生まれた19世紀は,産業化と資本主義の発展および近代国家の形成をヨーロッパが経験した時代であり,19世紀初期の哲学者ヘーゲルは,主体的個人とは離れて存在する社会や国家の存在や役割あるいはそれらとの相互作用に着目していた。また,同時期にフランスの**オーギュスト・コント**は,実証主義的な一種の科学,つまり社会や人間の行為を研究する複雑性に満ちた学問として「社会学」という言葉を初めて使用した。以来,社会の変化の分析や解釈に取り組んできた社会学の系譜・分類には,構造論,行為論,相互作用論の3つの系譜が存在している。[1]

---

(1) 3つの系譜に関する説明は,早川洋行編,2010,『よくわかる社会学史』ミネルヴァ書房,pp.30-31 や,ギデンズ,A., 1998,『社会学 第3版』而立書房,pp.30-33 を参照。

構造論──E. デュルケーム以来の系譜

構造論は,フランスの社会学者エミール・デュルケーム以来の系譜であり,社会構造が,個人の行為の前提として存在するという立場をとる。デュルケームは,著書『社会学的方法の規準』において,「社会的事実」が,個人の意識や行為からは独立しつつ社会に広がっている(「客観的実在性」)一方で,個人に対して「外部的拘束」を与えると捉える。つまり,人びとの集合意識や社会構造の変化などの社会的事実が,個人の行為に影響を与えるとみる立場である。この視点に基づく社会学的研究は,社会に存在する一般的傾向(行動や慣行など)や制度を「社会的事実として,客観的に,〈物〉のように分析する姿勢」を重視する。客観的に分析する手法としては,数量的データの分析が重視され,自殺率と社会構造の変化を考察した『自殺論』(1897年)にも表れている。デュルケームは自己本位的自殺(社会からの疎外感が増えた状況から自殺),集団本位的自殺(集団への服従や自己犠牲を求める社会にみられる自殺),アノミー的自殺(急激な社会の変化により社会的規範が緩んだ際に個人が不安定な状況になり自殺),宿命的自殺(社会的規範の拘束性と個人の欲求が折りあわず自殺)の4つに分けて論じ,自殺という個人的な行為について,社会や集団という外在的要素が個人に与える拘束性との関連に着目した。このような社会的事実やメカニズムの客観的分析を数量的分析によって行う社会学は,手法としては量的社会学の系譜として現代にも生きつづけている。

行為論──M. ウェーバー以来の系譜

行為論の立場は,デュルケーム以来の系譜と対極的な立場であり,社会は個人の自発的行為の結果として成り立っていると考える。また,手法としては構造論が「社会的事実の説明」を志向していたの

マックス・ウェーバー

に対し、行為論は「意味を解釈」することを志向していた。これは、**理解社会学的方法論**とも呼ばれ、行為者にとっての動機などの主観的意味を追体験的に理解することを通して、社会的行為のよりマクロな意味や歴史的な軸との関連づけを図る方法論である。行為論はドイツの社会学者**マックス・ウェーバー**以来の系譜であり、ウェーバーは**カール・マルクス**が**唯物史観**と呼んだ視点（経済的影響・変動が社会変動を生むと考える視点）とは異なり、社会変動においては価値観の変容が大きな役割を果たすと捉えた。たとえば『プロテスタンティズムの倫理と資本主義の精神』では、西ヨーロッパがいち早く資本主義を発展させた要因として、宗教改革が同地域で進み、禁欲的な価値観と労働によって得たお金を浪費することなく合理的に使う倫理が、資本主義の精神と適合していた点を指摘した。また、ウェーバーは宗教社会学への貢献でも評価されている。**価値自由**（Wertfreiheit：価値や偏見にとらわれない態度）のもと、冷静に**理念系**（社会学的モデル）を構築することを提唱し、西欧とその他の文明における宗教システムを比較研究の視点から論じた。

相互作用論──G. ジンメル以来の系譜

相互作用論の立場は、ドイツの社会学者・哲学者ゲオルグ・ジンメル以来の系譜であり、個人の社会的行為がみずからの意志だけで成立することはなく、他者との関係性のもとで存在すると捉える立場である。この場合の「関係性」とは、支配や従属、イデオロギー、メディアなど、さまざまな相互作用を含む概念である。コントやス

ペンサーらが,独立した社会科学の学問領域が確立されずに哲学から政治までを含む学問領域の垣根を越えた存在として社会学を捉えていた(総合社会学)のに対し,ジンメルは,「形式社会学」を提唱した。ジンメルは,ミクロな個別的事象においていかに心的相互作用が生じ,「社会化(Vergesellschaftung)」が形成されているかという点に着目した。たとえばジンメルは,「流行」について,他人と違っていたいという差異性の欲求と,他人と同調したいという欲求の,両者間の相互作用のメカニズムに着目した。彼は近代社会において生じる流行の波について,この相互作用のメカニズムから説明するとともに,流行が匿名的社会に生きる個人にアイデンティティを与えることを指摘した。これらの相互作用への着目は,20世紀以降の現代の社会学に多くみられる視点でもあったため,近年になってジンメルの評価は高まっている。相互作用の視点を重視した研究としては,シカゴ学派[(2)]のH.S.ベッカーのラベリング理論[(3)],1960年代のG.ブルーマーのシンボリック相互作用論[(4)],アーヴィング・ゴッフマンのドラマトゥルギー論[(5)]などにみられる。

---

(2) **シカゴ学派** 1920年代以降にシカゴ大学を中心に発展した学派。都市社会学のルーツとして知られ,都市に流入した移民とそれによる社会病理の問題を研究対象として扱ったものが多い。質的研究の伝統があり,人類学的アプローチに近いフィールドワークをF.ボアズと同時期に都市部で行っていた。
(3) **ラベリング理論** 「正常」と「異常」を分類する社会のメカニズムや相互作用について研究する逸脱理論の一つ。「不良」というラベルが逸脱行為を生むという考え。
(4) **シンボリック相互作用論** 社会心理学的視点の一つ。個人はあらゆる事物に意味を付与し,それに対して社会的行為を行うという考え。
(5) **ドラマトゥルギー論** 個人の行動はオーディエンスを前提とし,自己は社会的コンテクストのなかに位置づけられ,日常生活において個人は役割演技を行うという考え。

戦後の社会学の潮流
―― T. パーソンズ, P. バーガー, M. フーコー, P. ブルデュー

　戦後, アメリカ社会学において**タルコット・パーソンズ**は, 社会全体におけるマクロな体系的理論として構造機能主義に基づく社会システム論を展開した。パーソンズは, 社会を構造と機能に分けて捉えたうえで,「構造」は静態的かつ安定的な社会の部分を指す一方で, その構造を存続させる要素として「機能要件」が存在すると捉えた。この機能要件として AGIL の図式を提示した。適応（Adaptation：経済, 資源確保, 生産機能など。社会システムが適応する機能), 目標達成（Goal-attainment：政治や社会システムにおける運営の機能), 統合（Integration：宗教や地域コミュニティなど社会における主体間の調整・統合機能), 潜在的パターンの維持（Latency：家族や学校など諸社会制度の価値観や連帯の維持機能や緊張関係の処理機能) の 4 つの機能的要件が相互連動することによって, 社会システムが維持されると論じた。

　この構造機能主義に基づくモデルは, 1960 年代のポストモダンの思想的潮流のなかで構造の固定性を前提としている点で批判されるようになり, **構造主義**の流行へと推移していくこととなった。構造主義とは, 可視的に存在している文化的事象の背後にある構造, すなわち文化的事象を事象として成立させている構造間の関連性に着目・分析する立場である。フランスの文化人類学者 **C. レヴィ＝ストロース**は, 記号と規則のシステムとして言語が存在するという立場をとるソシュール以降の言語学モデルをもとに, 未開社会の神話や婚姻の構造や規則の関係性を明らかにした。この視点は, L. アルチュセールや R. バルトらの哲学者にも影響を与えるとともに, ミッシェル・フーコーらのポスト構造主義にも論争を通じてつながっていった。

　1960 年代以降の社会学において影響力をもった社会学者として,

ピーター・バーガーが挙げられる。バーガーは，同じくユダヤ系オーストリア人でアメリカに亡命していた**アルフレッド・シュッツ**がフッサールの現象学的視点をウェーバーの**理解社会学的方法論**に応用した**現象学的社会学**の視点を引き継ぎ，1966 年にトーマス・ルックマンと共に『現実の社会的構成』を出版した。バーガーとルックマンは，「社会的現実」や「知識体系」が構成されるプロセスとして個人と社会との相互作用に着目する視点（知識社会学）を提唱し，社会が「客観的現実（デュルケーム的視点）」として存在する一方で，「主観的現実（ウェーバー的視点）」でもあると述べる。つまり，現実とは外在的に存在するのではなく，知識や現実を個人が事実として認識（内在化）するプロセスによって構成されるものであると捉える。こうした**構築主義**的な視点は，**本質主義**(6)への批判という 1960 年代以降の文化研究の潮流とも重なり，今日のラディカルな理論・視点の基盤となっている。

　フランスの哲学者ミッシェル・フーコーの著作は，近代社会論および権力論においてポストモダンの社会学や文化人類学に影響を与えている。著書『監獄の誕生』では，前近代には体罰など肉体に直接作用していた処罰が，近代以降，犯罪者を権力者のまなざし（監視）によって矯正する**一望監視装置**（パノプティコン）としての監獄へと転換した点を考察している（第 8 章参照）。フーコーは，この規律を内面化した個人を生み出す社会制度は，学校，工場，病院などさまざまなかたちで近代社会に組み込まれている点を指摘している。また，フーコーは，**言説**（ディスクール）（特定の社会的文脈における言語表現や書かれたもの）と力，知識と権力の関係に着目した考察を行った。言説の蓄積がもたらす権力関係については E. サイードの『オリエンタリズム』，まなざし

---

(6) **本質主義** 社会・文化的事象が，実体として歴史的にかたちを変えることなく存在しつづけてきたと捉える視点。

がもたらす相互作用やイデオロギーについては，J. アーリの『観光のまなざし』にも影響を与えている。

現代フランスの社会学者**ピエール・ブルデュー**の社会学は，行為者の無意識的な選択と行為を前提としている点で，その出発点から独特な視点をもっている。経済学の前提は目的合理的行為（合理的判断に基づき利益を得る行為を選択する自己という前提）であるのに対し，ウェーバーは，価値合理的側面にも着目し，利害のみならず理想や宗教的理念にも基づいて意思決定を行う自己を前提としていた。それらに対し，ブルデューは日常的な慣習行動・実践という無意識的な行為をとる自己に着目する。M. モースの考察を発展させながら，**ハビトゥス**という用語で家族や学校などあらゆる社会制度のなかで行われる日常的振る舞いや趣味などの思考や実践（慣習的行為）の様式を形容した。ハビトゥスは，無意識的で身体化された様式であるのみならず，階級や性差などあらゆる社会構造によって構造化されていると同時に，構造を**再生産**するものでもある。たとえば，中間層に育った子どもが特定の学校に行き，特定のクラシック音楽を習い，「しっくりくる」趣味や友人と交流し，「しっくりくる」価値観や趣味をもつ配偶者と結婚する。これらの社会構造と階級の再生産の視点は，マルクスの階級論とは一線を画すものであり，現代的な行為論の社会学と言えよう。

以上のように社会学は，体系的でマクロな理論から，状況の分析・解釈型のミクロな理論まで，多様な発展を遂げてきた。1960年代以降の社会学は，文化人類学や歴史学などの隣接領域とも複雑に交差し，歴史社会学のように方法論的に社会学と歴史学を融合させた視点を生み出し，ポストコロニアル理論の理論的影響やカルチュラル・スタディーズの流行などを経験し，現代に至っている。

Discussion ディスカッションテーマ

①ウェーバーとデュルケームの社会と個人の関係に関する視点の相違について,自分の言葉で説明しなさい。
②ブルデューのハビトゥスについて,具体例を自分なりに挙げながら説明しなさい。

さらに勉強したい学生のための読書案内

ベッカー,H. S.『完訳 アウトサイダーズ』(村上直之訳) 現代人文社,2011 [1963]。
ラベリング理論の古典。いわゆる「不良」という逸脱者について,社会病理という従来の視点ではなく,周囲からのラベルづけが与える社会的作用に着目した本。

ホワイト,W. F.『ストリート・コーナー・ソサエティ』(奥田道大・有里典三訳) 有斐閣,2000 [1943]。
ボストンのイタリア人スラム街における綿密な参与観察と聞き取り調査に基づく古典。質的調査やエスノグラフィーとはいかなるものか,またそのおもしろさがわかる本。

第3章

人種・民族
―― 人種と民族の違いとは何か？

「アメリカ人」という呼び方のように「国の名前」に「人」を組みあわせた用語法は，日常生活では浸透している。そもそも人種や民族とは何を意味するのであろうか。また，人種や民族をめぐる問題は，差別，紛争，戦争などの人類の歴史が繰り返してきた問題とも密接に関連している。本章は，社会学や文化人類学における人種や民族の概念について整理する。

人種とは[(1)]

人種とは身体上の特徴に基づいて区分される集団であり，民族とは異なる概念である。H. V. ヴァロアは「共通の遺伝的な身体上の諸特徴を示すヒトの自然群」であり，言語，慣習，国籍は関係しない，と述べている。しかし，この場合の身体上の区分は曖昧であり，地球上に3つの区分（白色人種，黄色人種，黒色人種）に分ける大まかな区分から，オーストラリアの原住民アボリジニ[(2)]も複数の人種に分ける細かな区分まである。

---

(1) 人種に関する説明は桜井哲夫，2001，「人種差別」今村仁司編，『現代思想を読む事典』講談社，pp. 336-337 および Kottak, C. P., 2004, *Cultural Anthropology*, New York: McGraw-Hill, pp. 110-111 を参照。
(2) 「アボリジニ」は差別的表現を含むため，オーストラリアでは「アボリジナル」という用語が使われている。しかし，本書では，日本語として広く定着している「アボリジニ」と表記する。

人種の概念および人種差別は**植民地主義**と深く結びついてきた。アメリカ人類学会（AAA）は人種に関する声明のなかで，人種は「究極的には人間の相違に関する一種のイデオロギーであり，植民地化された人びとの区分，階層化，および支配のための戦略となった」と記している。19世紀後半，植民地主義と帝国主義の拡大は，西洋に未知との遭遇をもたらした。同時に西洋による文化的他者の分類と階層化は，結果的にみずからの社会の優位性を誇示し，支配を正当化するものであった。すなわち，白人（＝西洋）を頂点として，黄色人種，黒人という階層を作り，未開の人種の啓蒙とキリスト教化が西洋の使命とみなされた。このイデオロギーとしての人種の概念が拡大した事例としては，ナチスドイツの人種政策が挙げられる。優生学的視点から白人（アーリア人）とその文化的優位性を示し，支配の正当化やユダヤ人のホロコーストにもつながった。

民族とは

　民族は，概念として帰属意識という主観が存在している点で，人種とは異なる概念である。現在，日本の社会学や文化人類学では，民族をネーション（nation）から由来した訳語として使用しつつも，用法としてはエスニック・グループと同義で使用するようになっている。A. ギデンズは，民族を「周囲の他の集団から自分たちを隔てる同じ文化的アイデンティティを共有するという明確な認識を成員が共に抱いている集団[3]」と定義している。また，ノルウェーの人類学者フレデリック・バルトは，1960年代の著書『民族諸集団と諸境界』において，民族が所与のものとして存在（すなわち客観的基

---

(3) 民族に関する説明は A. ギデンズ，1998，『社会学　第3版』而立書房，pp. 256-258 を参照。

準としての文化的特性や身体的・言語的特徴によって規定される民族集団が実在）するという従来の人類学の本質主義的な視点とは逆に，周囲との相互作用のもとに集団内部からいかに**境界**が構成され，維持されているかに着目した。この視点は，「民族境界論」と呼ばれ，現代的な意味でのエスニシティ研究の出発点とみなされている。今日，民族をめぐる研究は，閉鎖的なムラ社会の固定的な民族概念を前提とせず，他者との関係性や境界の動態性に着目する傾向が強くみられる。この点は，民族が他者との関係性のなかで社会的に構築される過程や，「ハーフ」や「ディアスポラ」（祖国に帰属意識をもつ移民）が複数のアイデンティティを戦略的に使い分けるような動態性に関する研究にみられる。

　民族は，帰属意識によって成立している集団である。そのため，その境界は時代や社会情勢あるいは個人の置かれた状況によって流動的になる。民族概念は，ユーゴスラビア（＝南スラブ人の国）のように多民族性を包摂するカテゴリーが存在した後に，各民族が独立を主張し内戦と**民族浄化**の応酬を繰り広げたこともあるほど流動的なのである。

　国家からの独立運動や内戦の悲劇をみてみると，それぞれの民族意識の高揚と，それに基づく**民族自決**の概念が顕著にみられる。民族自決の概念は，各民族がみずからの意志によって帰属や政治的方向性を決定する集団的権利を指し，第一次大戦末期にアメリカ大統領ウィルソンが提唱し，パリ講和会議におけるベルサイユ条約およびその後の民族独立の原理となった概念である。内戦や独立運動など，今日の世界にはさまざまな民族問題が存在するが，民族という帰属意識に基づく概念を基盤とした集団的権利の主張が国家の枠組みと衝突する際には，概念としての民族自決の道徳性，国家の統制・治安の安定性，および民族概念自体の流動性など，さまざまな要素を注視する必要がある。

用語の整理——エスニックおよびエスニシティ

　「エスニック」という用語は，1930年代のアメリカ都市社会学ですでに用いられていたが，当時は社会の主流派の WASP（White Anglo-Saxon Protestants）から見たマイノリティの移民グループを指す用語として用いられていた。今日の社会学や文化人類学においては，「エスニック・グループ」や「エスニック・マイノリティ」という用語に代表されるように，日本語で述べるところの「民族」という言葉で示す概念として一般的に用いられている。

　一方，エスニシティという用語は，N. グレーザーと D. モイニハンの『人種のるつぼを越えて』（共著 1963 年）および『エスニシティ——理論と経験』（共編著 1975 年）が出版されて以降，現代的な用法が確立・乱立されていった。複数の用法が乱立しつつも用語自体は定着している。A. ギデンズは『社会学』において，エスニシティについて「集団成員を他の人びとから区別する文化的価値や規範」と述べている。この用法ではエスニシティを文化的特性に基づく分類の基準，すなわち民族性という意味あいで用いられている。一方で，エスニシティはエスニック・グループという意味あい，すなわち実在する集団自体を指す概念として用いられる場合もある。あるいはエスニック・アイデンティティとしての用法，すなわち言語や宗教，身体的特徴などに基づいて特定の集団がもつ帰属意識自体を指す用法もある。これらのいずれの用法も国境を越える移民の増加やそれにともなう社会問題やアイデンティティの問題など，1980 年代から 1990 年代にかけて新たな研究対象と視点を必要とした社会学と文化人類学において多用されるようになった。

民族と国家の関係を考える——福沢諭吉が見た「日本人」

　独立紛争や内戦など，民族と国家の関係は人間社会の問題となっ

てきたが，この問題を考える際には，国家そのものについても違った角度から観る必要がある。民族概念自体が，流動性をもちうる概念という点は先に述べたとおりである。しかし，その民族概念に基づいた国家とは，どの程度「本質性」をもちうるのであろうか。以下には，民族概念に基づいた国家を再検討する事例として，「日本」を取り上げる。

　「日本」は，日本語を話す日本人あるいは日本文化と歴史を共有してきた日本人の国という見方は一般的理解として定着している。事実として固有の文化がこの列島には存在してきた。しかし，「日本人」という帰属意識，すなわち領域に属する住民の大半が「日本」というカテゴリーに対して帰属意識を感じるようになった歴史は非常に浅い。この点は，現代の日本人の多くは違和感をもつだろう。しかし，福沢諭吉は，近代国家としての日本が設立された明治期の日本人について，政治体制が「数百年前のむかしに戻ったとはいえ，……いまの人民は鎌倉以来封建君主にしたがってきているのだから，皇室に対してよりもかつての封建君主の方に親密とならざるを得ない」と述べている。(4) 福沢は，当時の中央集権的な政治が日本というカテゴリーの実在性を前提として進められていたのに反して，民衆レベルの自意識としては，日本という単位よりも，封建時代からの藩あるいは村という，より小さい単位に帰属意識を感じていたと指摘した。この福沢が見た当時の維新から明治にかけての過渡期の日本人像は，現代のわれわれが感じている自意識とはまったく異なるものであり，日本人という民族意識が，一般民衆レベルでは，時代的には比較的新しいものである点を示していると言えよう。

---

(4) 福沢諭吉，2015［1875］，『現代語訳　文明論之概略　第 2 刷』（齋藤孝訳）ちくま文庫，p. 353。

エスニック・アイデンティティの研究──動態性への着目

　グローバル化が進展する今日，移民やディアスポラのアイデンティティの研究は盛んに行われるようになっている。カルチュラル・スタディーズ（第 12 章にて詳述）の創始者スチュアート・ホールは，「誰がアイデンティティを必要とするのか？」（1996 年）という論文のなかで，アイデンティティの流動性や動態性あるいは複数性を強調する視点を提示している。

　ホールは，民族の「ラベル」が個人に作用する過程についてフランスの哲学者 L. アルチュセールがイデオロギー論で用いた**呼びかけ**という概念を援用する。すなわち，個人が家族や学校という社会制度のなかで育ち，メディア（サッカーの代表戦や「国」際政治のニュースなど）に触れるなかで，日本やイギリスというラベルに対して，自分の存在とラベルとのあいだにつながりを覚えるようになる。つまり，社会環境が個人に働きかける「呼びかけ」に，個人は無意識的に呼応するようになる。この視点に基づきホールは，エスニック・アイデンティティが本質的に存在するのではなく，相互作用の結果，個人が主体的に応じているものという視点を提示している。そして，それがディアスポラの場合は，複数のアイデンティティが交差し，時に戦略的に個人が複数のアイデンティティを使い分けることもある点を指摘する。

　これらのエスニック・アイデンティティの複数性や動態性をめぐる視点は，今日の社会学や文化人類学における研究にも影響を与えている。たとえば，日本社会においては「ハーフ」の研究が挙げられる。岩渕功一編『〈ハーフ〉とは誰か──人種混淆・メディア表象・交渉実践』（2014 年）では，メディアにおけるハーフの表象（イメージや描写）が戦後から現代にどのような変化を遂げたのかという視点や，ハーフというカテゴリーが日本社会においていかに他者化されてきたかという点，またハーフ自身のアイデンティティ・

ポリティクスに着目する視点が提示されている。

Discussion ディスカッションテーマ

①人種と民族の違いについて自分の言葉で説明しなさい。
②「民族自決」の考えに賛成か，反対か。その理由は何か？
③民族と国家の関係が問題化する事例を挙げなさい。

さらに勉強したい学生のための読書案内

グレイザー，N.，モイニハン，D.『人種のるつぼを越えて——多民族社会アメリカ』(阿部斉・飯野正子訳) 南雲堂，1986 [1963]。
エスニシティ研究の古典。特定の職業に特定のエスニック集団が集中する事例について詳細な研究を行っている。

岩渕功一編『〈ハーフ〉とは誰か——人種混淆・メディア表象・交渉実践』青弓社，2014。
日本社会における自己と他者をめぐる相互作用，あるいはメディアにおける表象など，複雑な相互作用の様相を描き出している。

第4章

性差
—— ジェンダーと「らしさ」

性差と文化人類学

　人間社会のなかで，男女という**二項対立**はもっとも基本的でかつ明確な分類の一つとして存在している。この男と女という二項は，**生物学的性差**（sex）に基づいたものである。その生物学的性差は，いわば絶対的なものとして，地球上の大半の社会で大きな影響力を有している。一方，性差に関しては，このような身体的特徴に基づいたものだけではなく，**文化的・社会的性差**である「ジェンダー（gender）」も認められる。そして，この生物学的性差と文化的性差が同一であることが，いわば普遍的で「通常」の状態であると長らく認知されてきた。つまり，生物学的に「男」であれば，本質的に「男らしさ」が備わっているものであり，「女」であれば，「女らしさ」が本質的に備わっているという考えである。このような観念は，部分的には変化しつつあるものの，社会の基盤として未だに大きな影響力を有している。

　文化人類学において，このような性差に着目した研究は，比較的初期にすでに実施されていた。その根底には「異文化においてもジェンダーは普遍的な観念であるのか」という疑問が存在していたと言えよう。このような疑問をもって，アメリカの文化人類学者**マーガレット・ミード**は，サモア島におけるフィールドワークを通じて，民族集団が異なると，男女の性別分業や行動様式，そしてこれらの要素に起因する「男らしさ」「女らしさ」という概念が異

なっていることを指摘した。つまり、セックスとジェンダーには普遍的な相関関係はなく、ジェンダーが普遍的な観念ではないことを見出したのである。後に批判にさらされる部分はあるものの(1)、20世紀初頭の一連のミードの研究は、社会的に構築されたものとしてのジェンダーを指摘した点に関して意義あるものと言えよう。

しかしながら社会における本質主義的なジェンダー観は、それ以降も社会の主流であった。そのため1960年代後半からのいわゆる**フェミニズム**運動の高まりにおいて、このような本質主義的な観念に関しては、特に女性の側からの異議申し立てがなされた。その理論的背景の一つとなったのが、オートナーの論である。オートナーは自身の著作『男が文化で、女は自然か？』において、世界中の多くの社会で普遍的な男性優位がみられると指摘した。すなわち、男性が支配する社会を構築するために、ジェンダーが構築されてきたと論じたのである。

性別分業と「女らしさ」の固定化

このような男女の差で、もっとも可視化されてきたものの一つが、**性別分業**であろう。実際に、ミードもサモア島の調査で、異なる民族集団の性別分業を調査し、その分業体系が同一ではないことから、ジェンダーが普遍的な観念ではないことを指摘している。しかしながら、現代社会においても、この性別分業は色濃く残っている。換言するならば、「仕事」と「男らしさ・女らしさ」が結びつき、社会的なものとして作用しているのである。それは、現代の日本社会においても見ることができよう。

---

(1) 代表的な例として、デレク・フリーマンは、当時のミードの調査自体に信憑性がないこと、その分析が近代西洋的な性差観に基づいていることなどを指摘している。

もちろん，**男女雇用機会均等法**などの法整備を促すだけではなく，それまで女性の性別分業としてみなされていた育児を男性も同様に行うことが必要であるという風潮も育まれてきた。男性も育児や家事に加担すべきという風潮は，確実に浸透しつつあるように思われる。しかしながら，日本社会がジェンダーの本質主義的観念から脱却したというのも，また早急であろう。依然として，社会的構造と人びとの観念の双方で，従来の価値観が一定の影響力を有しているからである。

　日本における「男は外，女性は家」という性別分業は，就業システムにおいて，女性が結婚後退職することを推奨してきた。そこでは男性が家計を担うことが前提となっていたが，それは男性の安定的な終身雇用制度がある程度維持されていることが前提であった。しかしながら，現在は，女性の高学歴化，終身雇用制度の揺らぎ，女性の意識変化などの社会変化にともない，女性が社会に進出することが求められるような状況が生じている。このような社会変化にもかかわらず，旧来の観念が残存している。これは，外部機関からの数値的指摘にも反映している。2024年の世界経済フォーラムの統計では，男女間の格差を指し示すジェンダー・ギャップ指数において，日本は156カ国中，118位であった。この指数を導き出すために，経済的活動への参加と機会，学歴，健康福祉，そして政治参画という四分野における指標を個別に設定しているが，日本は，特に経済的活動と政治面において，それぞれ118位，103位と際立って数値が低い。[2]たとえば，国会における議員の男女比は，依然として男性が大多数を占めている状況である。また民間企業においても，女性管理職の割合は上昇傾向にあるものの，2016年の統計でも10人以上の企業全体の女性課長相当職の割合は約12％にとどまって

---

[2] World Economic Forum 2024, *The Global Gender Gap Report 2024*.

いる。このような数値面だけではなく,たとえば「マタニティ・ハラスメント」といった問題に関する報道がされていることからも,「働く」という面では,男女間の差が依然として存在している。先に挙げた男性の育児参画に関しては,地方首長が育児休暇を申請する際に,他の首長からの批判も生じている。またそもそも「イクメンを推進する」というスローガンを掲げていること自体が,まだまだ日本が性別分業の固定化という観念から抜け出せていないことを意味しているのではないだろうか。

さらに,このような「男女同権」に対しては,女性全体に支持されているわけではない。時に女性の側からも,これまでの「女性」の役割を強調するような言説が作り出されているのも考慮すべきである。このような面では,男女という二項だけではなく,年齢,社会階層,そして民族などの要素に基づく「女性」というカテゴリー内部の差異を認めていく必要性が指摘されている。流動化が進展している現代の社会経済的状況下においては,この点を特に考慮していく必要がある。

職業という面では,特定の職業のもつイメージとジェンダーの関連性が指摘できよう。その一つの事例が,在京テレビ局のアナウンサー職に内定していた一人の女子大生の内定取り消しである。学生時代にホステスのアルバイトをしていたために,会社側がアナウンサー職の内定を取り消す事態になり,議論が沸き起こった。会社側の見解として,ホステスのアルバイトは,アナウンサーのもつ「清廉・潔白」というイメージにそぐわないという理由からである。結

---

(3) 厚生労働省,2016,『平成27年度雇用均等基本調査』。
(4) たとえば,妊娠による地上職への転換を会社が認めず休職を命じたことに対して,客室乗務員が「マタニティ・ハラスメント」であるとして,会社を提訴したケース(『毎日新聞』2015年6月15日)が挙げられる。
(5) 中谷文美,2005,「働く」田中雅一・中谷文美編,『ジェンダーで学ぶ文化人類学』世界思想社,pp.120-141参照。

果的に会社側は，彼女の入社を認める結果になったものの，インターネット上では，賛否両論が巻き起こっていた。ここで指摘できるのは，ホステス＝清廉ではない，アナウンサー＝清廉という二項対立の構図であり，特定の職種がネガティブなイメージを帯びている点である。このような構図は，アダルトビデオ業界や性産業に従事している女性にも当てはめることができよう。たとえば，貧困といった社会的要因によって従事せざるを得ないケースが存在しているにもかかわらず，個人の自己責任とされる傾向が強い。さらには，一元化したまなざしで彼女らを見る集合的意識も同時に作用している。そこに内在しているのは「好ましくない」職業に従事している女性という集合的意識である。

美と「真正性」

　「女らしさ」に密接にかかわってくるのが，「美しさ」という観念である。このような美しさの基準も普遍的なものではない。たとえば，太った女性が美の基準とされる社会も存在していれば，逆に好ましく思われない社会も存在している。さらに，その基準は，不変なものでもない。特に現代社会においては，メディアが，流行という名のもとにその基準の策定に大きな役割を有している。どのような女性が美しく，どのような女性が美しくない，という基準は，普遍的な概念ではなく，多分に社会的に構築された概念であると言えよう。

　そして，この女性の美をめぐっては，「**真正性**」との関連に言及しておきたい。女性の美が身体的なものであるがゆえに，時として「正当な美しさ」が問題とされることがある。その議論は，「ミス・ユニバース」において表面化している。2015年の日本におけるミス・ユニバースで，父親がアフリカ系アメリカ人，母親が日本人の女性が日本代表に選ばれた。そのことで，インターネット上では，

「日本代表にハーフを選んではいけない」「日本人らしくない」といった批判が沸き起こった。さらに、この女性が幼少期の差別的な体験をメディアで話題にしたところ、「ふさわしくない」とさらなる批判を受けることになった。

　このような議論は、「純粋」な日本人が代表に選ばれた場合、まったくと言っていいほど沸き起こることはない。そこには、「日本人らしい美しさ」というものが、大きく作用している。そこで形成されるのは「真正性を有した美」というものであり、「人種的」「民族的」な純粋性と結びついた「真正性」が構築されている。おそらく日本という「国家」の代表であるがゆえに、このような「民族的真正性」が問題となると考えられる。この点は、テレビ番組などで「ハーフ」(6)タレントが活躍しているのとは、対照的なものである。同様の問題は、かつてタイのミス・コンテストで、欧米人とタイ人の「ハーフ」の女性が数年連続でタイ代表になっていた際にも、表面化していた。そこでも議論されたのは「タイ人」という民族的な真正性と「美」を結びつける観点であった。

　現代社会では、このような寛容性がある程度まで「許容」され、もしくは「是認」されている一方で、ある一定以上になると排除の方向性が作用する傾向が強い。それは、男女の役割といったジェンダー領域においても、また美と真正性という領域でも作用している。かつてのように表面だった「差別」が見えにくくなる一方で、依然として男女というジェンダーに基づいた「**他者**」の問題が解消されたわけではない。この点を念頭に置くことは、非常に重要である。また、男女という二項対立の構図に単純に当てはめることもできな

---

(6)「ハーフ」という表現に関しては、その表現から差別的であるとして議論の余地があるものの、現段階では広く普及しているのも事実である。したがって、本書ではカッコ付きで使用することで、表現としては使用するものの、議論の余地があることを示唆している。

い。女性という枠内においても，世代・階層などの社会的諸条件によってジェンダー観に差異があり，多様性を有しているからである。このような多岐にわたる要因のなかで，現代社会における性・ジェンダーの問題を捉える必要がある。

Discussion ディスカッションテーマ

①現代日本社会における男性の育児参加に関して，その是非を含め，どのように取り組むべきかを考えなさい。
②特定の職業に結びついたイメージを，具体的な例を挙げたうえで，どのようなジェンダー的な問題が内在しているかを考えなさい。

さらに勉強したい学生のための読書案内

宇田川妙子・中谷文美編『ジェンダー人類学を読む』世界思想社，2007。
アジアからヨーロッパまでの多様な地域の事例と，「開発」「移動」というテーマから，ジェンダーにかかわる諸問題を整理し，提示している。

田中雅一・中谷文美編『ジェンダーで学ぶ文化人類学』世界思想社，2005。
「ジェンダー」という観点から諸社会に切り込んでいる文化人類学の入門書。特に，現在議論となっている「同性婚」の問題にも言及している点は特筆に値する。

第5章
宗　教
―― 近代化との関連において

宗教と科学

　現代人，特に日本人の多くにとって，宗教という語から受けるイメージは，日常生活とは離れたもの，どことなく時代錯誤なものという要素が強いように感じられる。宗教が，政治・経済といった社会の中心に組み込まれ，人びとの日常生活に大きな影響力を有していた近代以前とは大きく異なっている。そこには，宗教的事象が「胡散臭い」と感じることも少なからず存在しているのではないだろうか。

　この背景の一つには，宗教と科学の間の関係性がある。2009年にハリウッド映画化された小説『天使と悪魔』でも，この宗教と科学の関係性が，ストーリーの一つの軸となっている。そこで描かれているカトリックの総本山バチカン側の登場人物の思想の根底には，宗教と科学は相容れないものであり，科学の進展は宗教（カトリック）に重大な危機をもたらしているというものがある。このように宗教と科学は相対するものとして描かれており，特に近代以降の社会では，科学側が優勢であるという観念が強い。

　特に西欧において，近代社会の進展が顕著になった20世紀前半，前時代の産物である宗教は消滅するという見解が多く示された。**マックス・ウェーバー**は，近代の有する特徴の一つを「脱魔術化」と表現したように，近代以前の宗教が社会の中心となるような時代は，近代の進展，すなわち科学の発展により，衰退するであろうと

指摘した。また，カール・マルクスは，「宗教はアヘンである」と指摘し，宗教は近代化の進展に伴い，不要な存在になるであろうと指摘した。この両者の宗教に対する見解に共通しているのは，「科学＞宗教」という図式である。非科学的なものが社会の中心であった「中世」と異なるのが「近代」であると論じられ，非実証的かつ非合理的な存在である宗教は，それまでのような役割を失うとされた。それは，国家体制の面では**国民国家**（nation-state）の確立や政教一致政治からの脱却，文化面においても，それまで人びとの間に暗黙のうちに信じられていたさまざまな宗教的な現象が，科学により実証され，可視化されていったことなどに反映している。たとえば，かつて流行病(はやりやまい)は神の怒りや魔女の仕業といった超自然的な存在を用いて説明されていたが，ウィルスなどが媒介するものとして，科学的合理性の観点で認識されるようになったことが挙げられる。

宗教の衰退とリバイバル

このような近代以降の状況は，実際に「宗教の衰退」をもたらした。社会の中心制度としての宗教は，いわば時代遅れの存在となり，人びとの日常領域から次第に遠ざかる傾向を示してきた。この点は，特に近代化が進行した地域で顕著であった。先に挙げたように，それまで宗教的な見解でしか説明することのできなかったあらゆる現象が，科学の客観性や合理性で判明することになった。あやふやな信仰心が社会の中心をなすような時代は完全に消え去ったと考えられるのも，説明がつくような状況であった。

しかしながら，近代化が高度に進展した 1970 年代以降，**ギデンズ**の表現を借用すれば「**後期近代**」と称されるような状況下で，新たな展開が生じてきた。それは，一種の「リバイバル」とも言える状況である。たとえば，アメリカの公立学校の事例が挙げられる。先に挙げた，キリスト教と科学の二元論では「創造論と進化論」

「天動説と地動説」が代表的であるが,アメリカの公立学校の教育現場では,特に前者の点が論争となっていた。長らく進化論を学校現場で教育することを禁じていたが,1960年代にこの反進化論法はいったん違憲となった。アメリカ社会のなかで進化論を否定してしまうと,神の存在を公教育の場で完全に肯定してしまうことになるからである。人間は神の創造物であるという考えは,近代の合理性のなかで「脱魔術化」された。しかしながら,その後のアメリカ社会における「キリスト教右派」の伸長にともない,しばしば議論の対象となっている。つまり,近代の進展にともない,宗教は社会の中心からはたしかに後退したが,完全に消滅してしまったのではない。

この1970年代以降の急激な宗教のリバイバルは,同時に宗教と「暴力」というネガティブなイメージが形成されていくことをもたらしてきた。事実,宗教の違いが,深刻な対立をもたらし,暴力の連鎖が止まらないことにもつながっている。1970年代以降の「新宗教」の暴力性と,1990年代以降,特に2000年代に入ってからのイスラーム教などの世界宗教の**ファンダメンタリズム**[1]の台頭が,この代表的な事例である。

一つ目の「新宗教」の勃興に関しては,既存の宗教から分岐し,派生した宗教集団が,特に近代化の進んだ先進諸国で生成され,拡大していった。その背景には,近代化の進んだ地域では,その発展から取り残された人びとと,発展に懐疑的な人びとと,そして物質至上主義的な方向性に疑問をもつ人びとが増加したのが一因である。都

---

(1) **ファンダメンタリズム** 一般に「原理主義」と称されるが,原理主義という言葉には,ある特定の宗教には根本的な不変なものがあることが前提とされていること,そして,その視点が他者からのまなざしによるもの,特にイスラームに関しては,非イスラームからのまなざしによるといった批判が存在する。したがって,本書では,「ファンダメンタリズム」という語を使用する。この点に関しては大塚和夫の一連の論考を参照すること。

市化の進展などの急速な社会変化は,従来の共同体を大きく変化させてきた。そのなかで,人間どうしの結びつきの希薄化は,いわば「孤独な群集」を形成し,その孤独な群集にとって「新宗教」は一種の共同体という部分もあったのであろう。1960年代から1970年代にかけてのアメリカにおける「人民寺院」はまさしくこの代表例であろう。キリスト教の教義と共産主義を折衷させた思想は,都市化にともなう格差の拡大や人種差別などで周縁化された人びとを惹きつけた。1970年代に入り南米・ガイアナに集団移住し,共同体的集団生活を実践したが,その集団自殺は大きなインパクトを与えた。

　二つ目の,世界宗教におけるファンダメンタリズムに関しては,その顕著な動きが,イスラーム世界で進行してきた。もっとも端的な例は,イランのイスラーム革命であり,かつての「政教一致」の国家体制が形成されることになった。いわば,国民国家という近代の産物が,宗教という要素を国家体制から排除していく傾向が強かった流れに反しているかのように見える。これらは,イスラームに限らず,アメリカにおけるキリスト教におけるファンダメンタリズムの復権という動向にも当てはめることができよう。

　このように,後期近代の状況において宗教といういわば「前時代」的な要素がクローズアップされている。先に挙げた2つの動きには,共通性がある。

　島薗進は,著書『現代宗教の可能性』(1997年)において,オウム真理教を事例に後期新宗教集団とその暴力性の分析を行っており,そのなかで,宗教的世界観や実践の面において,内向性,技術主義,集団行動主義の三点を,その特徴として挙げている。そして,その中の集団行動主義,内向性,情報化が宗教紛争などの現代宗教と暴力にも当てはまると指摘している。

　そのなかでも情報化は,特筆すべきものである。オウム真理教が指導者の教えを信者に広める際に,重視したのがさまざまなメディ

アであり，指導者の教えは，書物，雑誌，ビデオなどを通じて，流布されていった。これらのメディアを通じて，指導者の教えが一方向的に広まり，指導者——信者というタテのつながりが形成される一方で，信者間のヨコのつながりが形成されずに，結果的に指導者の意向に沿った集団行動主義につながっていく一因となったのである。[2]

二元論を超えて——トランスナショナルな展開と情報技術

このような情報化は情報技術の発展にともない，新しい局面を生み出している。そのもっとも顕著な例はインターネットの利用であろう。それは，既存の国民国家の国境を越えた展開を生み出している。2000年代のアルカイダ，そして2010年代以降に活動を活発化した「イスラム国（IS）」の拡大がある。これらの組織は，国民国家の枠を超えて活動し，脅威となっている。たとえば，2001年のニューヨークにおける同時多発テロや2014年のフランスの出版社襲撃事件などは，これらの組織が欧米諸国で起こした事件である。

さらに，その支持者は，イスラーム社会内から集まってくるだけではなく，その対極に位置し，「敵」であるはずの欧米社会からも集まっている。その背景には，欧米社会における移民という問題がある。彼ら・彼女らの多くは，欧米の移民社会で育ち，欧米諸国の市民権を有している。しかしながら，西欧社会のなかでエスニック・マイノリティに属しているため，社会のなかで周縁化され疎外感・孤独感を感じている。いわば，西洋社会において「他者」の存在であるがゆえに，ファンダメンタリズムを志向する組織からのFacebookなどのSNSやYoutubeでの呼びかけに共感・共鳴するのであろう。結果として，彼ら・彼女らは，みずからの意志でこれら

---

(2) 島薗進，1997，『現代宗教の可能性』岩波書店参照。

の組織に加入しようと,国境を越え移動し,そして活動する。もしくは,みずからの居住地でそれらの主張に沿った活動が,しばしばテロリズムとして表面化している。国境を越えた同時多発テロは,まさしくこの国境を越えた展開で生じている。また,メディアを介して,みずからの主張を行うことは,国境を越えたみずからの存在をアピールするだけではなく,指導者からの教えが縦に行きわたり,構成員相互の関係は欠如することにつながる点も見過ごすことはできない。いわゆる「情報化による群衆の一体感」を生み出している点で,新宗教とファンダメンタリズムは共通点を有している。先に挙げた人民寺院も閉鎖されたコミュニティで情報統制を行い,教祖との一体感を醸成していた。

　一方で,双方の教えに共鳴する人びとには,相違点もある。後期新宗教が先進諸国で起こり,かつ都市中間層を中心に広まっていく傾向が強い一方で,ファンダメンタリズムに関しては,社会に対して憤りを感じる人びとが中心となっている部分が強い。特にエスニック・マイノリティ,もしくは宗教的マイノリティとして,社会で周縁化されてきた人びとが中心である。このように見てみると,双方とも現代社会の社会構造の揺らぎによるものであるが,その性格は大きく異なっている。

　このように,近代化と対立するもの,もしくは前時代的な存在としての「宗教」という単純な枠組みだけでは,捉えることができなくなっている。つまり,後期新宗教と宗教的ファンダメンタリズムの拡張は,単に近現代の体制に抗する復古主義ではない。たしかに,イスラームの場合,女性の服装の制限や処罰の方法など,近代的なものには見えないかもしれない。しかし,同時に西洋近代からの

---

(3) もちろんこのような視点自体が,西欧からの視点であり,そのような視点が先に挙げた「原理主義」という語につながっている。

「流用」(第12章参照)も多くみられる。たとえば、情報メディアの利用や特定の地域に限定されないグローバルな展開も、十分に現代的なものである。時にナショナリズム、政治、経済といった分野と絡みあいつつ展開している。また、イスラーム対キリストという二元論だけではなく、イスラーム内での宗派間対立という面もみることができる[4]。このような宗教の展開は、流動化が進行する後期近代社会の文化の一局面を表していると言えよう。

Discussion　ディスカッションテーマ

①西洋社会だけではなく、アジア社会においても新宗教の形成がみられた。そこで、具体的な事例を挙げ、なぜ形成され、支持されるようになったのか考察しなさい。
②植民地主義の進展は、西洋のキリスト教の拡大という側面も有していた。結果として、土着の宗教と交わる混淆化も進んだ。このような宗教の混淆化に関して、特定の地域を取り上げ、考察しなさい。

さらに勉強したい学生のための読書案内

青木保ほか編『宗教の現代——岩波講座文化人類学第11巻』岩波書店、1997。
岩波講座シリーズの一巻。刊行から20年近く経過しているが、依然多くの示唆を与えてくれる著書。グローバリゼーションにともなう宗教のダイナミズムからイスラームのファンダメンタリズムまで多岐にわたる内容を含んでいる。

関一敏・大塚和夫編『宗教人類学入門』弘文堂、2004。
世界宗教からアニミズムまで多様な宗教の動向だけではなく、「生きる」などのテーマと宗教的実践を結びつけた論考が収められており、入門書として最適。

---

(4) たとえば、スンニ派主体であるISのテロの対象は、西洋・キリスト教だけでなく、穏健派のイスラームやシーア派にも向けられ、2015年6月には、同じイスラームであるチュニジアやクウェートでもテロを行っている。

第6章

呪　術
── 現代社会におけるその意味とは？

呪術とは何か

　おそらく人間にとって根源的な恐れは「死」であろう。それは，伝統的な村落社会においても都市社会においても，また，古代から現代まで，共通のものであろう。そのもっとも大きな要因となる「病」に関して，人間は特に恐れを抱き，それを克服しようと立ち向かってきた。しかしながら，なぜ疫病が流行するのか，なぜ病にかかってしまうのか，といったような原因に関しては，科学が進展した現代においても，完全に実証できない部分がある。ましてや，近代以前の社会では，疫病の大流行などの災厄に対して「超自然的力」によってもたらされたものであるという認識が強かった。そのため，そのような災いをもたらさないように，同じく超自然的な力に訴えかけることが行われ，また患者の治療のためにも，超自然的な存在に訴えることが行われた。これが「**呪術**（magic）」の一側面であろう。

　一方，都市化・近代化が進行したタイの都市部では，若者のあいだで「占い」が盛んに行われている。「モー・ドゥー」と呼ばれる占い師を訪れることで，恋愛や学業といった現世的な日常の周りのことを相談し，アドバイスを得る。モー・ドゥーは，さまざまな超自然的な存在の力を借り，相談者になんらかのアドバイスを与える。これも「呪術」の一面ということができよう。

　呪術とは「超自然的存在に訴えかけることで，ある目的を実現し

ようとする行為」である(1)。呪術は非常に幅広く，曖昧な側面を有している。また，超自然的存在という言葉から，宗教との近似性が認められる。実際に，宗教が呪術的要素を帯びていることは珍しくはない。その区分として，**マルセル・モース**は呪術について，「組織された祭祀には関与しないいっさいの儀礼で，私的で秘密性を帯びた，神秘的な儀礼，そして禁制の儀礼である」と定義している(2)。つまり，宗教との違いは「組織化された教団か否か」という点である。実際に，先に挙げたモー・ドゥーは，体系だった養成期間や資格は必要なく，かつ組織だったものではない。自己申告で誰でもできるものである。聖職者と信者が明確に区分される宗教とは，この点で大きく異なっている。

呪術研究に大きな影響力を有してきた『金枝篇』を著したイギリスの社会人類学者ジェームズ・フレイザーは，この呪術を大きく2つに分類した。一つは**類感呪術**，もう一つは**感染呪術**である。類感呪術は，求める結果を模倣することによりその結果を引き起こそうとするものである。たとえば，雨乞いにおける呼び水や，わら人形に釘を打つ行為などがそれに当たる。一方で，感染呪術とは，対象に接していたもの，属していたものに行為を与え，それにより対象に影響を及ぼそうというものである。たとえば藁人形に対象の爪や髪を入れる，写真に釘を打つなどの行為がこれに当たる。藁人形の例に現れているように，類感呪術と感染呪術はしばしば併用される(3)。

---

(1) 竹沢尚一郎，2006，「妖術信仰と「悪」の語り」綾部恒雄・桑山敬己編，『よくわかる文化人類学第2版』ミネルヴァ書房，pp. 130-131 参照。
(2) モース，M.，1973［1950］，『社会学と人類学Ⅰ』弘文堂，p. 63 参照。
(3) 小田亮，2004，「呪う」関一敏・大塚和夫編，『宗教人類学入門』弘文堂，pp. 149-159 参照。

願いと解釈

　呪術という観念自体が西洋からの視点であるという指摘がある。つまり，西洋の視点から見て，理解できない現象をひとまとめにするのに都合が良かったという指摘がある。西洋人の視点から見て，非合理，未開といった「宗教」以前の要素は，「呪術」としてカテゴライズされてきたというのである。実際に呪術は，進化論的アプローチのもとでは，宗教に至る前段階のものとして捉えられていた。フレイザーは，「呪術→宗教→科学」という発展図式を唱えていた。つまり，科学が発展すると，非合理な存在である呪術の存在価値は低下し，消失するというものである。しかし，実際のところ，多くの場面で現代社会においても呪術は存続している。

　たとえば，恋愛の成就に関するさまざまな「願掛け」も「呪術」の一つであろう。意中の相手を振り向かせるために，自分と相手を模した人形を作成し，呪文を唱えるといった「儀式」は，現在でも行われている。また，サッカーワールドカップに出場するアフリカの代表チームは，しばしば呪術的な意味あいのなかで語られる。自分のチームの勝利を祈願する呪術師をチームに帯同しており，試合のときのダンスが呪術的な意味を有しているのではないのかという推測がなされる。他にも，現代社会に生きる私たちの周りに，「呪術」とその要素を見ることはできる。このような曖昧で，「非合理」な存在である呪術がなぜ現代社会においても存在し，どのような意味があるのであろうか。

---

(4) 土佐昌樹, 1997, 「呪術の現代性——呪術論に見る現代西洋の他者表象」青木保ほか編, 『宗教の現代——岩波講座文化人類学第 11 巻』岩波書店, pp. 183-208 参照。
(5) ある学校で，講義の際に学生に聞いたところ，かなり多くの学生が恋愛に関して，呪術的な願掛けを行っていた。また，なかには成就だけではなく，好意を寄せている対象に対して，そのパートナーと別れるような願掛けも行っている者もいた。

その答えの一つを，**エヴァンズ・プリチャード**の古典的な研究に見出すことができる。エヴァンズ・プリチャードは，スーダンのアサンデ族の研究から「妖術（witchcraft）」を日常の不可思議な出来事や災厄に対して，これらの事象を解釈するための手段として位置づけている。なぜ健康に気を配っているにもかかわらず病気になって亡くなってしまったのか，なぜ歩道を歩いているのに車にはねられてしまうのか。つまり，妖術は，人びとのさまざまな疑問に対して，説得力のある説明原理を呈示しているといえよう。たとえば，貧富の格差や自然災害など人々の日常領域におけるさまざまな問題が，科学の力では完全に解明できず，妖術師の仕業であるという解釈で，一定の答えを得ることができるからである。

医療と呪術

　同様のケースは，医療にも見ることができる。科学の力で身体の不調の原因を特定することが困難であった時代は，病気が「霊」の仕業であると考えられていた。このような概念は科学の進展により消滅するのではなく，現代社会においても，「霊」の存在がクローズアップされるケースが存在している。たとえば，タイでは，身体の不調などのさまざまな災いが，「ピー」という霊の存在で引き起こされるという観念が根強く存在している。もちろん科学的に考えてみると，そのような原因は考えられない。しかし，人びとのなかに依然この「信仰」があるのも事実であり，この「霊」に関するさまざまな儀礼が存在している。特に，ピーから護るために，身体や

---

(6) 妖術とは，人を害するような「呪術」であると一般化できよう。そのなかでも，エヴァンズ・プリチャードは意図的なものを邪術（sorcery）として区分している。
(7) 竹沢尚一郎，2006，「妖術信仰と「悪」の語り」綾部恒雄・桑山敬己編，『よくわかる文化人類学第2版』ミネルヴァ書房，pp. 130-131 参照。

さまざまなものに宿る「クワン」という霊を強化する儀礼は一般的であり、クワンが弱くなるとピーが悪さをすると信じられている。

　医療人類学において、いわゆる病気である状態は、二通りに分類できる。一つ目は、近代医学がいう身体上客観的に把握できる異常の状態であり、これを「疾病」という。もう一つは、その身体の異常により引き起こされる、個人の経験する不安・疎外感などを指す「病い」である。(8) そこで、このような異常な状態を正常に戻す行為が「治療」ということになる。「疾病」に対しては、近代的な医療というものが有効であろう。一方で、「病い」に関しては、近代的医療においてすべてが改善するとは言い切れない部分も多々ある。そのような心理的部分をカバーできるのが、呪術による治療といえる。このように、呪術を用いて治療を行う人を特に「呪医」と呼んでいる。そして、呪医は、特に近代化途上の国家・地域において、土着の社会の人びとと密接な関係を有している。

　しばしば、この近代的医療と「伝統的」な医療は、相対するものとして認識されている。しかし、治療という行為が、「疾病」と「病い」の双方にまたがることを考えると、双方の医療体制が必要であるとも考えられる。しばしば、人類は依然として未知の原因によって引き起こされる病気によって脅かされている。1990年代のエイズの大流行や、2014年のエボラ出血熱などはその代表例であろう。したがって、伝統的な医療体制と近代的な医療体制の二者択一ではなく、双方の包括的なアプローチが必要になる、という主張が「多元的医療体制」というアプローチである。実際にこのアプローチは、北タイのエイズ感染者へのアプローチとしての「ホーリスティック・ケア」で実践されている。そこでは、さまざまな部門・機関がエイズ感染者へ関与することで、疾病としてのエイズの

---

(8) 波平恵美子, 2002, 『文化人類学――カレッジ版』医学書院, pp. 189-202 参照。

治療だけではなく,病いとしてのエイズの治療を行うことを目的としている。エイズという感染症が,性交渉により拡大する点,そして,性産業に従事していた女性が多く感染していたことなどから,社会的差別,偏見などを包摂している点が見逃せず,感染者が社会のなかで「生きていく」ためにも,この側面は重要であろう。感染者の心的不安や疎外感を和らげるものとして,呪術は医療という枠組みのなかで,その効果を有しているのである。

現代における呪術の意味とは？

現代社会において,呪術が依然として一定の影響力をもっていることは明らかである。近代化の進展により呪術が消失してしまうのではなく,一種の「信仰」として残っている。また,宗教との関連においても,かつてフレイザーが考えたような単純な進化論的なプロセスで呪術が駆逐され,消滅してしまうのでもない。むしろ,時には宗教と混淆しつつ,時には宗教と両立しつつ,現代社会においても存在している。もちろん,宗教と同様に,社会の中心としての存在感は失われている部分が大きいかもしれないが,依然として,人びとの心的なレベルにおいては,信じられているのである。

なぜ,依然として非合理的にみえる呪術が信仰されているのか。この点に関しては,さまざまな観点があろう。しかし,先に挙げた見解が一つの答えになるかもしれない。科学で解明できる部分が多くなったとはいえ,私たちの日常領域では客観的,合理的,かつ可視的に解明できない現象が多く存在している。そして,時に困難で不安を抱えるような状況に陥る。科学が納得できる説明を与えるこ

---

(9) 片山隆裕・中野明希子, 2008,「エイズの文化人類学――タイとマレーシア」片山隆裕編,『アジアから観る・考える』ナカニシヤ出版, pp. 77-89参照。

とができない場合，その原因・理由を見出せない場合，人は超自然的な存在を認めることで，納得できる部分もある。いわば，日常と現象を解釈する装置として「呪術」が存在していると言えよう。そして，何か将来の出来事を成就させたい場合にも，科学は結果をもたらすことはできない。したがって，恋愛において超自然的存在に対して訴え，操作し，結果を得ようとする行為は，これからも存在していくのは間違いない。

Discussion　ディスカッションテーマ

①身の周りにある「呪術的」な言い伝えや行為を見出したうえで，それらがフレイザーのいう「類感呪術」か「感染呪術」，もしくはその両方の要素が入り込んでいるものであるのかを分類しなさい。
②そのうえで，それらの行為が，現代社会においてどのような意味を有しているのか，という点を検討しなさい。

さらに勉強したい学生のための読書案内

エヴァンズ=プリチャード，E. E.『アザンデ人の世界』（向井元子訳）みすず書房，2001。
アフリカ中央部に居住しているアザンデ人に深く根づいている信仰体系を，呪術，託宣，妖術の相関性を中心に分析している。原著は1937年に刊行された古典的名著ではあるが，人びとが現象をどう解釈するのかという面で現代においても援用できる部分は多い。

白川千尋・川田牧人編『呪術の人類学』人文書院，2012。
しばしば非合理的で疑わしい存在であると認識されているにもかかわらず，呪術が実践されているズレに着目し，さまざまなテーマから「非合理的」な呪術と日常世界との関係性を描き出している。

第7章

贈与交換論
―― 見返りを期待しないプレゼントはあるのか？

贈与交換をめぐる文化人類学的解釈

　贈与をめぐる研究は，文化人類学の古典的なテーマの一つである。日常生活のさまざまな場面でモノを与えるという行為が存在し，文化人類学ではそれは単なるモノの贈与ではなく，「意味」が交換される複雑なプロセスとみなされている。したがって文化人類学者の多くは，意味の交換という点において（見返りを期待しない）一方向的なプレゼントは存在しないと答えるであろう。

　贈与交換論の研究は，文化人類学の初期から存在し，古くは B. マリノフスキの『西太平洋の遠洋航海者』（1922年出版）にまでさかのぼる。マリノフスキは，文化人類学において初めて本格的なフィールドワークに基づく民族誌（エスノグラフィー）を記述したことで知られているが，この本のなかでクラ交換と呼ばれる贈与交換が論じられている。クラ交換は，ニューギニアのトロブリアンド諸島において行われているムワリ（貝の腕輪）とソウラヴァ（貝の首飾り）を交換する慣習である。ムワリは反時計回りに，ソウラヴァは時計回りに隣の島に回すもので，男たちは数日かけて航海し，他の島にいるクラ・パートナーと交換する。この一見無意味に見える交換について，マリノフスキは次のように述べている。

　　……2つの意味のない，まったく無用な品物をつぎつぎに交換するというこの単純な行為が，部族間にまたがる大きな制度の土台となり，

ほかの多くの活動をともなってきた。神話，呪術，伝統はクラをめぐる一定の儀式儀礼の諸形式を築きあげ，住民の心のなかでは，クラに価値とロマンスの後光を与え，この単純な交換への情熱を彼らの胸中に注ぎこんだのであった。[1]

　このようにマリノフスキはクラ交換が品物の交換の儀礼という枠を超えた複雑かつ規模の大きい制度である点を指摘している。遠征のためのカヌー製造，準備のタブーなどさまざまな構成要素をともなうだけでなく，遠方の島との交易を可能にする点やクラ交換のパートナーが多いほど部族内での尊敬を得るようになる点など，さまざまな社会的機能と意味がクラ交換にともなうことを指摘している。日本社会においても引越しの挨拶やお歳暮など，モノの交換を媒介とした社会的意味の交換や相互作用が慣習として存在している。贈与交換論は，このようなモノの交換と同時進行で生じている社会的意味や機能を解釈し理解することであると言えよう。

マルセル・モースの社会学
―― 贈与交換論の発展・専門的研究

　E. デュルケームの甥でもあるフランスの社会学者**マルセル・モース**は，贈与交換論の発展に大きく寄与した。交換の視点は，モースの社会学的視点の基盤となっている。モースは，1899 年に出版されたアンリ・ユベールとの共著『**供犠**』において，「供えるもの」が聖なる世界と世俗の世界の媒介であり，その破壊を含む自己放棄の行為によって，「神」に善良，謹厳，恐怖などの社会的人格が与えられ，個人に集合的意識が生じる点を論じている。これら

---

(1) マリノフスキ，B., 2014 [1922]，『西太平洋の遠洋航海者』(増田義郎訳) 講談社，p. 128。

の植物,動物,人身などの供犠を媒介とした聖と俗の媒介の儀式の反復が,近代以前の政治の安定に寄与してきたと考える点も供犠論の特徴である。

また,モースとデュルケームの共著論文「分類の原初形態」(1903年)は,レヴィ=ストロースによって完遂される構造主義的視点(第2章参照)を20世紀初頭にすでに示していた点で再評価されている。この論文ではオーストラリア原住民の**トーテミズム**[(2)]を,単なる原始宗教としてではなく,分類体系のシステムとして考察し,それが分類に基づく秩序と規則の複雑な社会システムである点を明らかにしている。

さらに,モースの『贈与論』(1925年)は,北米の先住民が客のもてなしやハレの宴で行う贈与の慣習「ポトラッチ」を考察し,贈与についてモースは「**全体的社会現象**」であると述べている。すなわち人間がモノを与えるという行為には,経済的意味,政治的意味,宗教的意味,心理的意味など,複雑な意味が含まれ,贈与の考察においてはその複雑性と包含されている意味に着目すべきであるとしている。モースによれば,贈与の基本的形態は「義務的贈与制」という一種の制度(システム)であり,受ける義務,与える義務,お返しの義務という3つの義務が存在する。また,贈与には**互酬性**(reciprocity:相互関係,相互依存)が存在する。つまり,なんらかの形で等価のモノ・結果を返す必要があり,そこで生じている社会的意味の交換は,その場で一対一の交換が行われる直接的互酬性からより将来的あるいは間接的な交換の長期的互酬性まで,また義理から政治的利益の期待まで,さまざまな要素が込められている。

---

(2) **トーテミズム** 自然界に存在する事物とみずからの社会集団とのあいだに儀礼的・象徴的関係を見出す信仰。

贈与交換論をめぐる研究・理論

　クロード・レヴィ=ストロースは，フランスの構造主義人類学の中心的研究者であった。『野生の思考』(1962年) では，ソシュールらの構造言語学のモデルを援用している。すなわち言語が**シニフィアン**（記号表現）と**シニフィエ**（記号内容）の構造関係（一種の交換関係）からなる全体であるという視点を，未開社会の神話や儀礼の考察に用いている。未開社会と呼ばれている地域の神話や儀礼が，聖と俗，上と下など，共通の二項対立や象徴的論理構造の総体として成り立っている点を指摘し，表面的文化事象ではなく，それを存在させている構造の関係性に着目すべき点を示した。また，同書のなかでレヴィ=ストロースは，二項対立関係の網の目の多様な組みあわせを，状況に応じた目的に沿うように用いる思考様式や実践を**ブリコラージュ**と呼んだ。レヴィ=ストロースの著書『親族の基本構造』(1949年) は，近親間の婚姻の禁忌（タブー）について考察し，**インセストタブー**（近親者との性交渉の禁忌）のみならず婚姻までも禁止し，女性の贈与すなわち女性を媒介することによって，集団と集団のコミュニケーションや連帯が生成され，人間社会の秩序につながっている点を指摘している。

　アメリカの文化人類学者マーシャル・サーリンズは，『石器時代の経済学』(1974年) や『部族民』(1972年) において，個人や家と対象領域との社会的距離によって異なる次の3種類の互酬性（財の双方向的移動）について考察している。第一に，一般的互酬性は，親密な関係の社会的領域において発生し，贈与が行われても返礼という形式的な様式はとらず，手助けや援助など長期的な観点において両者間の財の交換のバランスが均衡する。第二に，均衡的互酬性は，前者よりも少し離れた社会的領域（村落領域，部族内領域，部族間領域など）において，贈与と返礼を儀礼的慣習に従って行うものであり，結婚に先だって行われる各種の儀礼や贈与はこの典型と言

える。第三に，否定的互酬性は，功利性を主眼として，窃盗，あるいはその報復行為，策略的取引など多様な形態があり，主にみずからが属している社会的領域と離れた当事者間で発生することが多い。

カール・ポランニは，『人間の経済』（1977年）において，モースやサーリンズ同様に社会に存在する交換に着目しながら，よりマクロな視点で**社会に埋め込まれた経済**とその社会統合との関連性を考察している。ポランニは，社会統合のパターンとして互酬（義務的贈与関係や相互扶助関係），再分配（権力への義務的贈与と対価の受取），市場交換（市場における財の交換）の3つの交換の連動を指摘している。

これらの社会に埋め込まれた交換の議論と関連して，G. ホーマンズやP. ブラウの**社会的交換論**が挙げられる。社会的交換論とは，社会のあらゆる場面を交換の視点で読み解くものであり，ホーマンズは行動（コスト）と報酬（結果）の交換関係およびそれらの差を利潤とみる経済学的視点に基づいて社会行動の分析を行った。たとえば個人はみずからの行動（コスト）に見あう報酬を受けられない場合，怒りや攻撃的行動をとり（攻撃命題），すでに社会行動に対する報酬を受けた個人がいる場合，後続の報酬は価値が下がる（剝奪飽和命題）などの命題の提示を行った。

また，ブラウは，著書『交換と権力』（1964年）において，社会における権力関係が個人レベルのミクロな交換を通して発生する過程を考察した。たとえば新入社員と先輩の関係にみられるように，助言などの与えられるものに対する同等のサービスを見返りとしてみずから提供できない場合，そこに交換関係のアンバランスが生じ，個人は服従という自発的な行為をとる。ブラウが着目したのは，このような個人と個人あるいは個人と集団のあいだにおける交換のバランスによって生じる支配や反抗といった社会プロセスと権力関係であった。

隠岐郡海士町（中之島）での結婚式余興 手に持つ「シャモジ」は何の象徴なのか。ハレの場で踊ることで何が「交換」されているのか

贈与交換をめぐる応用的事例——地域通貨の事例

　現代社会での消費は，お金とモノ・サービスのあいだの直接的な交換関係を基盤としていると言っても過言ではないが，地域通貨の普及事例は，社会における新たな交換関係に基づく消費として特徴的である。地域通貨はローカル・エクスチェンジ・トレーディング・システム（Local Exchange Trading Systems：LETS）の和訳だが，LETSは1980年代にカナダ・バンクーバー近郊のコモックス・バレーにおいてマイケル・リントンによって提唱され，運用が開始された。LETSは，地域内においては法定通貨と同等の価値をもつ一方で，その交換においてはあらゆる柔軟性をもつ地域通貨である。

　地域通貨は，運用範囲が特定地域内に限定され，法定通貨との交換も不可能であるため，地元で消費されることになる。そのため大規模店舗に集約が進む今日的な状況において，地元商店街や地域経済の活性化に寄与することにつながる。通常，銀行などでお金を借りた場合，銀行は貸与と返済のあいだの交換関係を利潤追求の行為

として行うために，利子を上乗せする。しかし，地域通貨の場合，無利子で運用される。また，借金の返済の一部をサービス労働で返済することも理念上は可能になるため，社会的弱者に優しい制度と言える。地域通貨は，カナダの他にも英国，オーストラリア，ニュージーランド，欧州各国にも拡大し，日本国内では島根県隠岐郡海士町の地域通貨「ハーン」などが例として挙げられる。

Discussion　ディスカッションテーマ

①日本の名刺交換の場面において何が「交換」されているのか？　解釈的に論じなさい。
②P. ブラウの交換関係のアンバランスが権力の発生につながるとの点を，あなたの日常生活における事例を一つ挙げながら分析的に論じなさい。

さらに勉強したい学生のための読書案内

モース，M.『贈与論』（吉田禎吾・江川純一訳）ちくま学芸文庫，2009［1925］。贈与交換論の古典。100年近くたった現在社会にも通じる視点を興味深く学べる。

マリノフスキ，B.『西太平洋の遠洋航海者』（増田義郎訳）講談社，2014［1922］。フィールドワークに基づく民族誌の古典。民族誌がいかなるものか，また人類学的考察とはいかなるものかがわかる本。

レヴィ＝ストロース，C.『野生の思考』（大橋保夫訳）みすず書房，1976［1962］。1960年代の構造主義を代表する著書。近代西洋の科学的思考との対比としての未開社会の思考を事象間の関係性とそれに対して行う再構成の作業に着目して考察している。

第 2 部

変化する社会を学ぶ

The Study of Society

第8章
近代化と国家
―― 近代とはいかなる時代か？

近代化とは

　近代論は，近代とはいかなる時代かという点を考察する社会学的研究であり，社会学と文化人類学において重要な理論的枠組みである。近代がどの時代を指すかという点は，今日の社会学では，主に産業革命以降に都市化が進んだ時代（18世紀末）からグローバル化による社会構造の変動以前（1980年代中頃）までを指すことが多い。それ以降の現代は「脱近代」や「後期近代」，近代以前の時代は「前近代」という言葉で示される。

　近代という時代を特徴づける要素は多様だが，主要なものとして次の3点を挙げることができる。第一に，**社会構成員の移動**（地理的移動および階層上の移動）が挙げられる。産業革命以降の西欧にみられたように，産業化には都市への人口流入が大きな役割を果たした。また，職業移動および階層間の移動が活発化し，身分という概念が希薄化していった。

　第二に，**能力主義的な社会への移行**が挙げられる。H. メーンが著書『古代法』で「身分から契約へ」と述べたように，あるいはアメリカの社会学者**タルコット・パーソンズ**が「所属価値から業績価値へ」と述べたように，前近代と比べると身分や出自が個人に及ぼす影響は相対的に減っていった。また，これらの社会の移行を，19世紀末から20世紀初頭のフランスの社会学者エミール・デュルケームは，**機械的連帯**から**有機的連帯**への移行という表現で論じて

いる。デュルケームは**分業**が進んでいない前近代において個人は他者との類似（例：農民どうし）によって連帯するが（機械的連帯），分業が進んだ近代以降は異質な個人どうしが，他者に相互依存することで間接的に社会に結合し，分業による機能的な差異が連帯を生み出す社会（有機的連帯）となったと論じた。テンニースは近代以前の地縁に基づく相互扶助的性格が強かった社会を**ゲマインシャフト**，近代以降の個人の利益追求型で個人のつながりが希薄化した社会を**ゲゼルシャフト**と呼んでいる（第10章も参照）。

　第三に，**脱宗教化**（世俗化）が挙げられる。デュルケームと同時代のドイツの社会学者**マックス・ウェーバー**が「脱魔術化」と表現したように，近代以降，人間の社会におけるあらゆる行為の合理化が進むと同時に，国家（政治）と宗教の分離が生じた。アメリカ合衆国憲法の起草者，ベンジャミン・フランクリンが「時は金なり（Time is money）」という言葉で合理主義を説いたように，近代以降，社会は隅々まで経済的合理性および資本主義の対象となった。この点についてM.ウェーバーは1920年出版の著書『**プロテスタンティズムの倫理と資本主義の精神**』において，西欧社会でなぜ資本主義がいち早く発展したのかということと，宗教改革を経験したプロテスタントの合理主義とのあいだに相関関係を見出している。すなわち，カルヴァン派では禁欲的労働に励み社会に貢献することによって神の栄光がこの世に表れ，個人は救済されると考えた。したがって，前近代に多くの支配者たちが行った宗教的な儀礼や風習を統治に用いることは否定され，労働によって得たお金を浪費することは悪とされた。「天職理念を土台とした合理的生活態度」を大切にしたプロテスタント信者は，質素な暮らしに努め，資本の蓄積志向や合目的的なお金の利用を生んだ。ウェーバーは，この一見資本主義と矛盾するかにみえる倫理が，実は合理主義と資本の蓄積と循環という資本主義の精神に適合していた点を同著のなかで考察した。

近現代社会の社会類型

　17世紀から20世紀初期にかけて，西欧諸国は植民地を広げるとともに，20世紀にはさまざまな独立国家が世界のなかで樹立された。工業化の進展には差があり，その進展の度合いによって，第一世界，第二世界，第三世界，新興国という区分による社会類型が定着した。**第一世界**は工業社会および自由経済を基盤として住民の大半が都市で生活している社会であり，18世紀から現代の欧米諸国や日本などの国がその例として挙げられる。**第二世界**は20世紀初期から冷戦崩壊までの時期に，工業社会の基盤をもちつつも計画経済に基づいていた諸国を指し，旧ソビエト連邦や東欧諸国を指していた。**第三世界**は上記以外の大半を指し，多くはかつて植民地化されていた国々である。農業を基盤とする社会であり，経済システムは自由経済と計画経済，いずれの社会も存在する。**新興工業国**は1970年代以降，第三世界に属していたものの工業化と都市化を進展させた諸国を指す。かつてはシンガポール，韓国，ブラジルなどがその典型的な国とされてきたが，近年，ASEAN（東南アジア諸国連合）やBRICs（ブラジル，ロシア，インド，中国）およびアフリカ諸国の経済発展にみられるように，新興工業国が指す範囲が広がっている。

近代社会の特徴
　——ミッシェル・フーコー著『監獄の誕生』より

　フランスの哲学者ミッシェル・フーコーの著作は，構造主義をめぐる議論に影響を与えたほか，知と権力の関係および近代社会論において，社会学と文化人類学に影響を与えている。著書『監獄の誕生——監視と処罰』（1975年）においてフーコーは，近代以前の社会において罰は身体に直接作用するもの（例：公開の鞭打ち刑など）

であったが，近代以降，犯罪者は**一望監視装置**(パノプティコン)の監獄に収容され，常に「まなざし」により監視されるなかで，社会に適合する個人へと矯正されるようになったと述べる。そして，社会規則に対して従順な身体を作るこの種の装置は，近代のあらゆる社会制度（学校，軍隊，工場など）に組み込まれていると論じる。なお，まなざしの力をめぐる考察は理論的にも影響を与え，ジョン・アーリ著『観光のまなざし』の理論的基盤ともなっている。

近代における国家とは

近代以降の国家について，イギリスの社会学者 A. ギデンズは，「所与の領土を支配する政治的統治装置（国会や議会，公務員組織）が存在し，その権威が，法体系と，政策遂行のために軍事力を行使できる場合に，成立」し，国家の統治システムが「一定の領土に対して主権を主張し，正規の手続きによって制定された法典を保有し，軍事力の管理による統制に支えられている[1]」と述べる。

近代以降の国家はほぼすべて**国民国家**であると言っても過言ではない。国民国家とは，一定の領土に居住する多様性をもちうる全住民を国民（＝ネーション）という一つの想像上の単一集団として想定し，その想定を基盤として設立された近代以降の国家を指す。往々にして，多数派を占める民族集団がみずからを国民（＝ネーション）と同一化する場合が多く，他のエスニック・マイノリティは被支配的な位置に置かれる。

近代以降の国民国家と前近代の伝統的国家の相違としては，次の3点を指摘することができる。第一に，**主権**という観念の存在が挙げられる。伝統的国家の大半は「帝国」であり，国境が曖昧なものであると同時に統制の度合いが周縁部では弱かった。しかし，現代

---

[1] ギデンズ, A., 1998, 『社会学　第3版』而立書房, p.395 参照。

の国家は，国家を設立する際にはまず国境線を策定し，地理的・社会的双方の意味で周縁部ほど統制をめぐる作用が強くなる傾向がある。

　第二に，**市民・市民権**という概念の存在が挙げられる。伝統的国家では権力者や王が一方的に民衆を支配し，住民の大半は政治的権利を有していなかった。また，その支配は住民の慣習や言語に対して直接的な影響を及ぼすことはなく，住民の多くは基本的に出身地域の村落社会で生活していた。しかし，近代以降，住民は「市民」として登録され，国民社会という政治秩序の構成員となった。それは，みずからを藩やムラという単位ではなく，より大きな国という想像の共同体に帰属意識をもつようになる出発点の一つとなった。

　第三に，国民国家が**ナショナリズム**の萌芽と運命的な結びつきをもっていた点を指摘することができる。**ベネディクト・アンダーソン**は，著書『**想像の共同体**』(1983年)において，国民国家の構築とは一定の領域内の多様性をもちうる全住民を一つの想像上の共同体のもとに統合する作業であり，俗語が「国語」となり，領域内の住民は同じ出版物や新聞を読み，中心と周縁（地方部）の教育や行政上の移動と統治を経験するなかで，想像上の共同体に過ぎない民族的単位と政治的な単位との同一視を志向するようになると指摘している。

国民国家とナショナリズム

　アーネスト・ゲルナーは，著書『**民族とナショナリズム**』のなかで，ナショナリズムを「政治的な単位と民族的な単位とが一致しなければならないと主張する一つの政治的原理」と定義している[2]。ゲルナーは，ナショナリズムが「近代世界でしか優勢とならない特定

---

(2) ゲルナー，E., 2011 [1983]，『民族とナショナリズム』岩波書店，p.1参照。

の社会条件の下でのみ普及し支配的となる愛国主義」であるという点を指摘している。すなわちゲルナーはナショナリズムの鍵として産業社会への移行を挙げ，その前提条件のなかで，読み書き能力が向上し，集団の同質性や個人の匿名性が高まり，伝統や民族といった概念が過去から後付け的に持ち出され，ナショナリズムの言説に用いられると述べる。

「日本人」とは何を指すのか　パスポートに血統はない

また，B. アンダーソンは，本来は所与のものとして存在しなかった国家および国民をめぐる単一の共同体的な想像性が構築される点について，「教育的巡礼（中央の大学への進学など）」「行政的巡礼（役人の中央・地方の移動など）」「出版資本主義（書籍や聖書の俗語訳が後に国語に発展）」「共通言語（俗語が後に国民意識を共有する要素となる）」などの要素を挙げ，中央政府からの施策によって想像の共同体が形成され，これらは運命的にナショナリズムの構成要素と結びついている点を指摘する。

一方，アンソニー・スミスは，ナショナリズムが近代という前提条件を必要とする点は E. ゲルナーと B. アンダーソンの考察と共通しているものの，その基盤となる「民族的要素」は近代以前から存在し，国民(ネーション)概念はそれが概念的に拡大していったものと述べている。

流動化する近代──後期近代におけるリスク社会化[3]

　近代化が進展した社会がいかなる社会なのか，社会学の論者はさまざまな論を展開している。A. ギデンズは，近代社会とは自明性（当たり前の感覚）が喪失し，すべての意味が絶えず「問い直される」社会，すなわち**再帰性**が顕著な社会，と述べる。しかし，近代的論理が社会の隅々まで浸透した後期近代になると，その自明性さえも懐疑的に捉えられ，あらゆるものが「選択の対象」となると述べる。

　また，ドイツの社会学者**ウルリッヒ・ベック**は，**リスク社会**という用語を用い，あらゆる選択肢にリスクが内包されるようになる点を指摘する。つまり，近代化が進行し後期近代に入ると，社会や組織などは個人よりも上位のものではなくなり，個人に直接リスクが作用するようになってくるのである。環境問題，食の安全性の問題，原発問題，労働市場の流動性などが個人にリスクとして直接的に作用するようになったように，個人にとっては選択するものがより多くなり，リスクを背負わなければならない時代となっている。リスク社会は，ライフコースの選択性とそのリスクの増大という現象にもみられる。そのような点で，ボランティア活動率の上昇や若年層の自発的離職率の上昇，あるいは「自分探し」のための留学やワーキングホリデーの選択などは，流動化した後期近代を反映する事象とも言えよう。

---

[3] 宇都宮京子編，2006，『よくわかる社会学』ミネルヴァ書房，pp. 150-151 参照。

Discussion ディスカッションテーマ

①前近代社会と近代社会の相違点について説明しなさい。
②国民国家とはいかなるものか,自分の言葉で説明しなさい。

さらに勉強したい学生のための読書案内

アンダーソン,B.『定本 想像の共同体——ナショナリズムの起源と流行』(白石さや・白石隆訳)書籍工房早山,2007［1983］。
ヨーロッパやアジアの国々が成立した過程を考察しながら国民国家の構築とナショナリズムの関係性について鋭く指摘する名著。社会学や文化人類学以外の学問領域からも評価を受けている。

ベック,U.『危険社会——新しい近代への道』(東廉・伊藤美登里訳)法政大学出版局,1998［1986］。
リスク社会の到来について1980年代末にすでに論じていた。個人に直接的にあらゆるリスクが作用するようになったグローバル化時代の流動化した現代社会と社会問題を考察するうえでも重要な著書。

第9章

世界システム
―― ネットワーク化する世界の可能性とは何か？

近代社会と資本主義

　未だに一度も海外に足を運んだことがなくても，私たちは日常生活を営む限り，地球上のあらゆる地域で生活を営む人々と否応なしに結びついている。それが現代社会である。政治地理学者の**デビッド・ハーヴェイ**は『ポストモダニティの条件』で，資本主義経済が地球上のありとあらゆる場所に浸透した現在，私たちの社会では「**時間と空間の圧縮**（time-space compression）」が進行しているという。[1] 現代社会では，時間と空間の隔たりがこれまでにないほどに圧縮されているが，そのことによって，直接的な移動の経験がなくても私たちは世界と否応なしに結びついたのである。

　たとえば，日常的に身につけている衣服はどこで生産されたのだろうか。毎日のように使用している日用品の原材料はどこから来たのだろうか。最寄りの発電所のエネルギー源はどこで採掘されたのだろうか。テレビやインターネットで目にするイメージはどこの映像だろうか。SNSで会話する相手は今どこで何をしているのだろうか。クレジットカードでショッピングを楽しむとき，いったいどこの誰と（あるいはいずこの誰を経由して）取引を行っているのだろ

---

(1) ハーヴェイ, D., 1999 [1989],『ポストモダニティの条件』(吉原直樹監訳) 青木書店。

うか。しかし，日常生活で私たちは自分たちが消費する商品の「生産者」と出会ったことがあるのだろうか？　グローバリゼーションにともなう大規模な資本主義経済の成長は，地域の経済のみならず政治や文化にも著しい影響を及ぼしている。本章では，こうした今日のグローバルな社会の構造的な特徴について考察する。

世界システム──資本主義体制のグローバリゼーション

　経済活動とは，商品やそれを媒介する貨幣の交換を通したコミュニケーションの拡大である。すなわち，経済活動の拡大にともない人間関係も時と時間を超えた結びつきを形成し，そのネットワークを拡大していくのである。経済・歴史社会学者の**イマニュエル・ウォーラーステイン**は，16 世紀以降欧州を中心に発展したグローバルな経済活動が 20 世紀を経て，彼が「世界システム」と呼称する外部なき単一のシステムに発展していった歴史的過程を論じた。そのなかでそれぞれの時代で世界経済のヘゲモニー（覇権）を握った国々を考察し，長期の歴史的な視点から検証した。この**世界システム論**の意義は，それが従来の帝国のような単一の政治体制に管理統制された経済システムを意味するものではないという点にある。この近代の世界システムを単一のシステムとして維持する原理とは，全地球上で越境的に成立している「市場」である。それはグローバルな規模で成立している商品経済であり，言い換えれば，地球規模での**分業体制**の成立でもある。

　さらにウォーラーステインは，資本家と労働者のあいだに広がる

---

(2) ウォーラーステイン，I., 2013［1974］，『近代世界システム』（川北稔訳）名古屋大学出版会。
(3) 山田信行，2012，『世界システムという考え方──批判的入門』世界思想社。

社会的格差と，その矛盾をはらんだまま拡大する資本主義という19世紀の思想家カール・マルクスの理論を応用し，世界システムの不均衡な階層構造を説明している(4)。ウォーラーステインによれば，世界システムとは単なる生産体制の分業により記述されたり分析されたりするだけではない。それはサービスや工業製品を提供する先進地域「中核（core）」と呼ばれる地域と，中核地域のための原材料や人的資源を供出する「周辺（periphery）」とに区分されたグローバルな階層構造をともなう。

この関係性は，いわばマルクスの資本主義の理解における社会階層，すなわち資本家と労働者の関係性の拡大版であると言えよう(5)。いわゆる第一世界（先進国）とその資源国としての第三世界（途上国）との不均衡な階層関係として捉えられる。第一世界は第三世界からの資源（移住労働者と天然資源のいずれも含む）を用い，より高度で価値の高い商品を生み出し，そこからさらなる利潤を獲得することができる。しかし，労働力を含む資源輸出国の立場に置かれた第三世界では，核となる第一世界のような商品経済に対して「消費者」としての従属的な位置を採らざるを得ない。

ウォーラーステインは，こうしたグローバルな生産体制がもたらす「資本家（非労働者）」と「労働者」の役割を与えられる「核」と「周辺」という不均衡な階層関係は経済領域にとどまるものではないという。こうして成立したグローバルな階層構造から，それぞれの政治的不均衡や文化的不均衡も並行して生じてきた仕組みも明らかにしようとする(6)。たとえば，国際関係論における**「従属理論」**が

---

(4) ウォーラーステイン, I., 1997 [1995],『新版 史的システムとしての資本主義』（川北稔訳）岩波書店。および川北稔, 2001,『ウォーラーステイン』講談社参照。
(5) 山田信行, 2012,『世界システムという考え方——批判的入門』世界思想社。
(6) ウォーラーステイン, I., 1997 [1995],『新版 史的システムとしての資本主義』（川北稔訳）岩波書店。

示すように,植民地支配から脱したはずの多くの国々が,旧宗主国やその他先進国に対し,経済的のみならず政治的にも文化的にも不均衡な位置に置かれているという現実がある。あるいは,こうしたグローバルな規模での経済や政治の不均衡な構造が,民族集団(エスニック・グループ)のあいだでの民族差別や民族紛争に結びつく(こうした紛争に介入するのは,決まって旧宗主国の立場にある大国である)。現在のエスニックや民族の文化的カテゴリーが,旧世界システム,すなわち欧米の覇権主義的な植民地政策の一つの結果でもある。

世界社会システムの共通文化——ネオリベラリズムの台頭

21世紀現在,かつて「周辺」とされていた地域が,いまやグローバルな経済活動で「核」ともなりうるようなヘゲモニーを掌握しうるようになってきた。今日のアジアでは特にそれが著しい。国際移民,あるいは観光や開発にともなう地域経済の変容を扱う人類学や社会学では,この世界システム論のような経済・政治・文化への歴史的・総合的な視点が,現代のグローバル化する社会を把握し,観察・記述するうえで不可欠である。

それぞれの階層をになう地域や国家はこのように常に変動をともなうものだが,それでもなお世界システムはグローバルな階層構造を維持している。こうしたグローバルな市場を基軸とした構造はどのようなイデオロギーに支えられているのだろうか。ウォーラーステインは世界規模の経済構造を安定させるため,いずれの階層に位置する地域や国家においても共有されるようなイデオロギーを「ジオカルチャー (geoculture)」と呼んでいる(7)。たとえば,保守主義,

---

(7) ウォーラーステイン, I., 2006 [2004],『入門・世界システム分析』(山下範久訳) 藤原書店。

リベラリズム,社会主義,などといった政治思想がそれに当てはまる。とりわけ今日では,近代から現代にかけて,個人主義と競争原理をともなう**ネオリベラリズム**(新自由主義)が,ポスト冷戦期の世界システム(世界市場)のジオカルチャーとして台頭している。グローバルな規模での規制緩和,市場原理による競争の拡大,極端な個人主義論からなるネオリベラリズムは,今日のグローバリゼーションにおける世界市場の原理そのものである。

ハーヴェイはこうしたグローバリゼーションの進行にともなうネオリベラリズムを,強力な私的所有権,自由な市場,自由貿易の遂行にあるとみなし,いわば世界システムそのものがこの原理にむけ,日本も含め「核」も「周辺」のいずれもが,政治・経済・文化のすべての側面を更新しつつあるとみなしている。[8]

ネットワーク型の世界システム
——グローバル・シティと〈帝国〉

第二次世界大戦以後の冷戦構造の崩壊とネオリベラリズムの浸透,さらにはメディアやテクノロジーの深化による「**ネットワーク社会**(network society)[9]」の到来により,今日のグローバル社会における「世界システム」は新たな段階を迎えている。こうした状況を踏まえ,グローバリゼーションの社会学者であるサスキア・サッセンは,従来の世界システム論が描くような国家間の階層型構造によるグローバルな社会ではなく,ニューヨーク,ロンドン,パリ,東京,上海などといった,世界各地に存在する「**グローバル・シティ**

---

(8) ハーヴェイ,D., 2007 [2005],『ネオリベラリズムとは何か』(本橋哲也訳)青土社。
(9) Castells, Manuel, 2009, *The Rise of the Network Society: The Information Age: Economy, Society, and Culture Volume I*, Oxford: Wiley-Blackwell.

(global city)」が,互いに世界規模での政治・経済・情報と多岐にわたるネットワークを構築・占有していると指摘し,これを今日のグローバルな社会の特徴とみなしている。(10) たとえば,金融や為替相場はもはや一国の中央銀行ではコントロールができないのである。また,こうした経済や政治,そして現代では文化までを含めたあらゆる要素は「情報」として地理的・空間的な制限を超えて一瞬のうちに世界中を駆けめぐる。

こうしたなかで,経済,政治,文化の中枢となるのは,情報を集約しそしてその情報を生み出す「ハブ」として機能するグローバル・シティである。また,グローバル・シティには,こうした経済や情報の集積によって生み出されるさまざまな雇用が発生する。その結果,旧植民地と旧宗主国のあいだで生じてきた労働移民のフローは,各国のグローバル・シティへ向けたものとなる。その結果,それぞれのグローバル・シティはより強固なネットワークを地球上に構築し,その間で膨大な規模の経済・政治・文化活動を可能としているのである。しかし,こうしたグローバリゼーションの進行においてサッセンが深刻な問題とみなしている点がある。これらのグローバル・シティでは,出身国や出自,そして教育歴や従事している職種などによって小さな世界システムとでも呼べる社会的不平等と格差が生じているのである。(11)

こうした核と周辺といった階層構造をもたない,新たなネットワーク型のグローバルな政治経済空間の登場を,政治哲学者の**アントニオ・ネグリ**と**マイケル・ハート**は,〈帝国〉と呼び,(12) この新し

---

(10) サッセン,S.,2008 [1991],『グローバル・シティ――ニューヨーク・ロンドン・東京から世界を読む』(大井由紀・高橋華生子訳)筑摩書房.
(11) サッセン,S.,2004 [1998],『グローバル空間の政治経済学――都市・移民・情報化』(田淵太一ほか訳)岩波書店.
(12) ネグリ,A.,ハート,M.,2003 [2001],『〈帝国〉グローバル化の世界秩序とマルチチュードの可能性』(水嶋一憲ほか訳)以文社.

い世界システムの問題と可能性の両方について論じている。彼らの分析は、ウォーラーステインが理論化した世界システムのような、階層構造によるグローバルな社会の理解の限界を指摘する。たとえば、ネオリベラリズムの浸透が競争促進を促し、地域内や国家間において自由貿易が促進される。また、私企業を中心としたグローバルな経済活動を促進するために、各国政府はそのビジネスの障害となる規制緩和を促進する。あるいは、国家が運営を担ってきた福祉（医療保障制度）や教育サービスも民営化され、経営効率化と競争原理にさらされている。

　こうした新しい世界システムは、ネグリとハートにより「ネットワーク型」と呼称される。グローバルな市場に柔軟に対応できるように、生産拠点や生産関係はきわめて柔軟になり、固定化された階層構造は解消される。そのときに応じて関係性を再構築する、グローバルな非階層型システムが構築されるのである。しかし、この流動化する社会、社会学者 Z. バウマンが「リキッド・モダニティ」[13]と呼ぶ状況は、グローバルな市場を拡大させる一方、もともと世界システムの周辺におかれていた第三世界は政府の支援や経済的統制による庇護を奪われ、ますます過酷な市場原理にさらされる。グローバルな社会において階層構造が消失しつつある現在、地域格差はむしろ強まりつつある。しかし、ネオリベラリズムが個人主義と越境的な社会成長をめざし、各国の政策が規制緩和によってそれに追随する社会では、こうした事態を従来の社会民主主義型のモデルで解決することはますます困難となっているようにみえる。経済（市場）が政治と文化を飲み込んでしまったグローバル社会では、私たち一人ひとりがグローバルな市場経済にむき出しの状態でさら

---

(13) バウマン, Z., 2001 [2000],『リキッド・モダニティ——液状化する社会』（森田典正訳）大月書店。

されている。

ネットワーク型社会の連帯可能性
──サブ政治,あるいはマルチチュード

　グローバリゼーションにより到来したネットワーク型世界システムは,社会を分断するだけではない可能性も秘めている。社会学者のウルリッヒ・ベックは,グローバリゼーションと個人主義の進展にともない日常に潜在的なリスクが増大し,その管理が社会組織の中核となる「**リスク社会**」を論じたが（第8章参照）,こうした状況に地域や民族・国家を超えて異議申し立てのための行動を起こす「サブ政治」も立ち上がるという。(14) たとえば,グローバルな市場へ原料供給の立場からかかわる資源国は,乱開発や深刻な環境破壊に見舞われている。また,ネットワーク型の世界システムによる過酷な市場原理は,「周辺」諸国の内部でも経済格差の拡大につながっている。このような事態に対し,トランスナショナルなかたちで活動するNGOやNPOの動きも活発になっているのもまた事実である。ネグリとハートも,〈帝国〉という新たなグローバルな権力構造の到来にあらがうネットワーク型の対抗的勢力である「マルチチュード」の出現を予見する。

　しかし,サブ政治やマルチチュードは,国際支援組織や市民運動といった対抗勢力だけではなく,国境を超えたテロ組織というかたちをとることも珍しくない。これらのような事態がなぜ現代に起きているのか,私たちはグローバリゼーションにともなう地域変容を現場から見据えつつ,世界システム論や〈帝国〉論といった俯瞰的

---

(14) ベック,U., 1998 [1986],『危険社会──新しい近代への道』(東廉・伊藤美登里訳)法政大学出版局.

な視野を併せもつことが重要なのである。

Discussion ディスカッションテーマ

①現在世界で起きている地域紛争や反開発闘争に目を向けて、それがグローバルな経済や政治システムとどのようなかかわりをもっているのかを考察しなさい。
②「サブ政治」や「マルチチュード」といったグローバルなネットワーク型の連帯を具体的に実現するためには、どのような活動の方法があるだろうか。現代のメディア・コミュニケーション技術などを一つ選んで、その活用の可能性を検討しなさい。

さらに勉強したい学生のための読書案内

クライン，N.『ショック・ドクトリン——惨事便乗型資本主義の正体を暴く』(幾島幸子・村上由見子訳)岩波書店，2011［2008］。
第二次世界大戦以後の米国で理論化された新自由主義経済が，第三世界での政治変動や災害被災を経てどのように展開されてきたのか。新自由主義経済のポリティカル・エコノミーが米国を含む世界各地にもたらした暴力的な影響を鋭く批判した一冊。

オング，A.『《アジア》，例外としての新自由主義——経済成長は，いかに統治と人々に突然変異をもたらすのか？』(加藤敦典ほか訳)作品社，2013［2006］。
ネオリベラルな経済政策により大躍進を遂げているアジア諸地域での，労働力としての人のトランスナショナルな移動に関する人類学的研究。職能に基づくさまざまな階層集団や，ジェンダー化された移民たち，増加するグローバルな流れに対するガヴァナンス（統治機構）を批判的に分析する。

第10章
伝統の発明
——近代社会における伝統の役割を捉えなおす

私たちの「伝統」

　年中行事，伝統芸能，民族衣装，生活習慣など，私たちの社会には，多くの「伝統」がいまも生きている。これらの伝統は，それぞれが地域や社会での固有の歴史と長い時間を共にしてきた慣習や儀礼から成り立っている。それは，私たちが生まれるはるか以前から地域や社会の構成員により継承されてきたという歴史性によって保証されている。私たちはこうした伝統を，自己の出自の起源や文化的なアイデンティティのよりどころとして参照することがたびたびある。社会学者エミール・デュルケームの宗教研究が示すように，伝統は，**儀礼**（集団で共に行う行動様式）と**象徴**（その集団が共通の意味を付与した，目に見えてふれることのできる道具）という，いわば社会を構築するために必要な条件を備えている[1]。グローバリゼーションが世界中の地域社会の変化や文化の流動性を加速させる現代，伝統は私たちが何者であるのかという不安を大いに解消してくれるといえよう。

　しかし，自分たちの伝統やその文化について考えをめぐらすとき，その「起源」についてどのくらいさかのぼって考えてみたことがあるだろうか？　一見すると伝統は今も昔も変わらない普遍的性質に

---

(1) デュルケーム，E., 2014 [1912]，『宗教生活の基本形態』（山崎亮訳）筑摩書房。

よって特徴づけられるとすれば,私たちはその普遍性をどこまで検証したことがあるのだろうか。あるいは,伝統文化を自分自身の文化的アイデンティティや集合的アイデンティティの重要な根拠として参照するとき,現代社会に生きる私たちを取り巻くどのような社会的状況が明らかになってくるのだろうか。この章では,こうした点について「伝統の発明」という視点から考える。

伝統的社会から近代社会へ

かつて,私たちにとって社会的集団とは地域固有の伝統文化によって連帯した集団であった。初期の人類学におけるさまざまな研究成果は,「未開」の社会が歴史的にも地理的にも明確に区分しうる文化において,個々の社会が比較的安定的に統合されながら存続してきたとみなしてきた。その内部には異なる階層集団が独自の文化や伝統を規範とする文化的多様性もあったのだが,その厳格な階層構造によりそれぞれの階層を超えた人間関係が成立する余地は少なかったといえよう。

しかし,私たちが現在生きている近代社会では,人間集団のあり方が大きく変容しつづけている。19世紀のドイツの社会学者**フェルディナント・テンニース**は,著書『ゲマインシャフトとゲゼルシャフト[2]』にて,家族や友人など地域に基づく相互扶助を中心とした共同体(ゲマインシャフト,Gemeinschaft)と,それぞれの専門職業集団の分業と協働で構成される社会(ゲゼルシャフト,Gesellschaft)という2つの連帯のあり方を概念化し,伝統社会から近代社会への変化を説明した。近代社会への移行にともない,社会集団は伝統的

---

(2) テンニース,F.,1957[1887],『ゲマインシャフトとゲゼルシャフト』(杉之原寿一訳)岩波書店。

な文化の枠組みを超えたところで成立する。だが，その集団の帰属や連帯の根拠として，従来の共同社会で共有することのできた伝統や文化に依拠することはできない。近代社会において従来の社会的枠組みから解放されたさまざまな個人を統合するための文化的な規範や価値観は，ますます重要な意味を帯びるようになった。

　実は，社会学や人類学はこうした近代の社会的変化を背景に成立している。デュルケームは，近代社会における人間の連帯の問題に取り組んだ『自殺論』のなかで，彼が「アノミー（anomie）」と呼ぶ状態，つまり個人が直面する自身の意味の喪失を概念化した。その結果他者との社会的な連帯（かかわり方）の欠如がもたらす混乱が，個人を自殺という暴力的な結末に追いやるリスクを上昇させることがあると論じた。[3] 伝統はかつて一人ひとりを明確な規範で集団に結びつけることができていた。特定の価値観を共有し，そして共通の歴史を有することができる集団では，自己の起源や帰属が明確になり，性別や階層によりお互いが異なる役割をもちつつも集団的には安定した構造が維持された。しかし，近代社会はこうした共通の伝統文化を超えたところに成立する集団なのである。そこに，私たちが自己の帰属や連帯について抱える根源的なジレンマが潜んでいる。

「創られた伝統」——ネーションと国民国家

　以上に述べたような近代的な社会集団の最たる例が**国民国家**（nation-state）である。国民国家とは，その国が定める「国籍」がある／ないによってその集団への帰属を定める。それに基づく「国民」に帰属することで，国家の制度的な恩恵を受け，義務を課され

---

(3) デュルケーム，E., 1985 [1897], 『自殺論』（宮島喬訳）中央公論社。

る制度である(だから,他国籍者や無国籍者に対しさまざまな制限が与えられる)。たとえば,私たちは海外から日本にきた人と初めて話すとき,その人が何人であるか(つまり国籍),何語を話すか(つまり国語)を確認しようとする。他方で,戦争や動乱で「国家」や「国籍」を失った難民が,現代社会でどれほど不安定な存在となってしまうのかは,日々のニュースからも明らかであろう。

しかし,社会をこのような単位で区切り,人びとがそこに国民として帰属するようになったのは,もっぱら近代社会が成立してからである。英国の歴史家エリック・ホブズボウムとテレンス・レンジャーは,編著『創られた伝統』で,近代の国民国家の形成において,この人工的な社会集団の紐帯(社会的つながり)として伝統がどのように「発明」されたのか,そしてやがて「国民」の共通の伝統として認識されるに至ったのか,その起源と経緯についてさまざまな事例を取り上げて検証した(4)。国民文化としての伝統が,ヨーロッパにおいては主として,近代国民国家の集合的なアイデンティティを構築するという明確な動機に基づき18世紀から19世紀にかけて「発明された」ものであることを,歴史的史料による系譜学的な手法で検証している。

伝統は「過去においても将来においても代わりえない普遍的な性質」をもつとみなされることで,集団の一体性を明確にする。古来,多くの文化集団では,自身の集団の起源を現世の人間にはさかのぼることの不可能な神話に依拠して説明することで「伝統」にその権威と普遍性を与えようとしてきた。近代国民国家では,「神話」に代わり,革命や独立運動に依拠してその起源を説明せざるを得ない。しかし,20世紀に植民地支配を経て新たな国民国家として独立を

---

(4) ホブズボウム, E., レンジャー, T., 1992 [1983],『創られた伝統』(前川啓治ほか訳)紀伊國屋書店。

達成したアジアやアフリカなどの多くの国にとっても、域内の文化的・民族的多様性を超えた「伝統」は必要なのだ。

多様性に満ちていたヨーロッパ諸国やアジア諸国が国民国家として成立した過程を論じるにあたって、米国の政治学者ベネディクト・アンダーソン（Benedict Anderson）は「想像の共同体（imagined community）」という概念を用いている。アンダーソンによれば、国民国家は「想像の共同体」であるがゆえに、言語や文化といった共通の「伝統」を発明するという。こうした国民国家の成立にともなう新たな「伝統」はナショナリズムと結びつく。いまや世界中で、このナショナリズムが国家という共同体の歴史的起源を片方では覆い隠しながら、もう片方では伝統としての国民国家に正当性と一貫性を与えている（第8章参照）。

「創られた伝統」——グローバルな政治と経済のなかで

だが、現代の「創られた伝統」は、国民国家の文化的・歴史的統一性を裏づけするといった、いわゆるナショナリズムに関連づけて構築されるだけではない。グローバリゼーションが進行する現在では、より小さな地域集団における「伝統」が、その地域に根ざした生活を営む少数集団の経済的自立や政治的承認を求めた運動や、グローバルな経済活動のなかで創造されている。そこに、現地の文化を消費の対象とする観光客による「**観光のまなざし**」が大きく影響することも少なくない。

観光人類学者の山下晋司は、20世紀初頭のオランダ植民地下の

---

(5) アンダーソン, B., 2007 [1983],『定本 想像の共同体——ナショナリズムの起源と流行』(白石隆・白石さや訳) 書籍工房早山.
(6) アーリ, J., 2014 [2011],『観光のまなざし』(加太宏邦訳) 法政大学出版局.

バリ島における伝統文化について伝統の再構築という視点から論じている。当時のバリ島は，植民地化によって変わりゆくアジア・太平洋地域において伝統文化の残る希少な場所とみなされた。ヒンドゥー文化の影響を受けた儀礼や祭祀にまつわるバリ島の伝統文化が，「芸術」的なものとみなされ人類学者たちの研究対象として注目されるだけではなく，それを見るために多くの観光客がバリ島を訪れるようになった。その結果，バリの従来の文化は観光客に「みせる」ための文化資源としての価値を帯び，その経済的な価値に基づいた変容を経験した。そのうえ，この状況で新たに構築されたバリ島の伝統文化が，今度はバリの人びとにみずからの伝統の一部として受容されることになったという。

このようなグローバルな政治や経済と結びついた「創られた伝統」は，現在でも世界のさまざまな地域で目にすることができる。共産主義体制から EU の政治・経済体制へ編入された東欧における歴史地区観光は，「開発の遅れた共産圏」が「欧州の歴史を残した伝統的文化」として，観光を通して再創造された。これは，近年の欧州が EU という新しい共同体として一つに統合されていくなか，参加地域の多様性を超えた「欧州」としての歴史や伝統を「発明」しようとしていると解釈できる。

同様の事例を，現代の日本でもみることができる。今日，日本政府は「クール・ジャパン」事業によって，日本の古い「伝統」から新しい「文化」まで多様なコンテンツを，海外や訪日観光客に向けて積極的に発信している。このように，日本という国民国家の独自性が世界に向けて活発に発信されることの背景には，一つ目には商

---

(7) 山下晋司，1996，『観光人類学』新曜社。
(8) 須藤廣，2012，『ツーリズムとポストモダン社会——後期近代における観光の両義性』明石書店。

品の輸出や訪日観光客の増加など、グローバルな経済下で文化もまた商品として積極的な消費の対象となっていることがある。二つ目に、グローバリゼーションによって世界中の文化や地域性が失われつつあることに対し、「創られた伝統」の正当性が揺らぎつつあることへの危機感を読み取ることもできるだろう。(9)

「伝統」をひもとくまなざし

これまでに紹介した事例が示すように、伝統というものを考えるとき、その歴史的背景により深いまなざしを向けることが重要である。系譜学的視点に加えて、ある時代の政治的・経済的文脈下で特定の集団を統合するためにどのような「伝統」が必要とされたのかという構築主義的なアプローチも必要になる。このように、私たちの伝統は、その時代に固有の経済・政治・文化といった社会的な条件に即して動態的に構築されつづけている。今日、誰かがみずからの伝統に身を置き、そこに綿々と連なる歴史性を感じ、愛郷心や愛国心を表現し、それを声高に訴えるとき、人類学や社会学は、その伝統の「起源」を改めて見つめ直すのである。

Discussion ディスカッションテーマ

① 地域の伝統芸能や催事などを1つ選び、その歴史的起源を調べなさい。そのうえで、伝統行事が現代の地域コミュニティ（それはかつての地域共同体とはずいぶん異なるだろう）にとっての集団的アイデンティティを生み出すためにどのように変容したか、論じなさい。
② 自分が訪れた観光地で見た伝統行事について、観光地化によって、地域の行事がどのように再構築されてきたかを調べなさい。また、行事だけではなく、伝統料理やお土産として販売されている民芸品などについても考察しなさい。

---

(9) 濱野健, 2014,「観光とセルフ・オリエンタリズム――観光事業にみる日本のナショナルな文化表象」遠藤英樹・寺岡伸悟・堀野正人編,『観光メディア論』ナカニシヤ出版, pp. 207-226.

さらに勉強したい学生のための読書案内

クリフォード，J.『文化の窮状──二十世紀の民族誌，文学，芸術』（太田好信ほか訳）人文書院，2003。
民族誌を書くという行為を通して，人類学者は他者の文化や伝統をどのように観察・紹介してきたのか。そこで暗黙の前提とされてきた固有の「文化」の姿について，民族誌や文学そして博物館史料の記録を横断的に検証した一冊。最終章では，米国でのある先住民権裁判の傍聴記録に基づき，伝統＝文化の歴史的普遍性（連続性）そのものへの深い洞察が実践されている。同著者が編集に携わった『文化を書く』（紀伊國屋書店，1996［1986］）も併せて読みたい。

小熊英二『〈日本人〉の境界──沖縄・アイヌ・台湾・朝鮮 植民地支配から復帰運動まで』新曜社，1998。
かつて植民地帝国であった日本には，「国民」でありながら文化や伝統のまったく異なる「民族」の姿があった。当時の日本は，こうした多民族を抱えた国家をどのように構想しようとしたのか，あるいは逆説的に帝国内に居住する独自の「民族」がどのように構築されたのか，これらを多様な史料を検証して考察した一冊。

第11章

ポストコロニアル理論
——「近代」を問いなおすための試み

「ポスト」コロニアル

　ポストコロニアルという言葉を聞いたことがあるだろうか。「脱植民地」とも訳せるこの言葉は，植民地から独立した多くの国の社会や文化をどのように捉えているのだろうか。そうした直接的な経験をもたない現代社会に，どのような問題を提起するのだろうか。かつて植民地と呼ばれた地域の大半は，ずいぶん昔に独立を達成したにもかかわらず，政治・経済・文化の広範囲にわたり，たやすく克服することのできない暴力の記憶にさいなまれ，連鎖的な暴力が断たれていないところも多い。今日でも，「南北問題」のようにその構造的格差が解消されるような兆しは見えない。第9章で示唆したとおり，グローバル化により，以前より深刻になっているようにもみえる。

　その理由は，こうした地域の社会や文化が植民地という経験によって不可避的な変容を被ったため，そして植民者であった国々との関係性が今も解消されないままであることに由来する（たとえばこうした国々の公用語や経済・政治システムがどれほど植民地時代と類似しているかを考えてみよう）。これらの地域や国々は，かつての植民者によって回復不可能な変化を余儀なくされ，そこから自立していく際にも，他者のもたらした社会制度を受容せざるを得なかった。そこでは，個人とは何か，民族とは何か，国家とは何か，社会で周辺化されつづけている「語りえぬ者」とは何かという問いが，常に

不安定な状態で残りつづけている。つまり，自分自身の自己意識や文化的アイデンティティの独自性が，最初から否応なしに植民者によって与えられているのである。植民地支配の暴力の記憶，そして自分自身を他者（の言葉や文化）で表すという両義的な歴史性はどのようなものだろうか。こうした経験を経てポストコロニアル理論という批判的な知識がどのように生まれたのだろうか。現代のグローバリゼーションと，そのトランスナショナルな経済・政治体制が，ポストコロニアルな社会をどのように再生産しているのだろうか。この章では，これらの点について考える。

ポストコロニアル理論における近代国家

　ポストコロニアル理論は，1980年代から人文社会科学領域において発展し，その後も幅広い学問分野でさまざまな影響を与えつづけてきた。ポストコロニアル理論は，カルチュラル・スタディーズのように特定の学術領域に収まるような知ではない。ポストコロニアル理論は，人文社会科学にて，文化や歴史を自明かつ普遍的だとみる本質主義的な視点に異議を唱える。私たちの社会における複数の歴史性や暴力的なできごとの痕跡が，権力関係の中でたびたび抹消されてきたことを明らかにする。いわば，植民地，そして独立後もその地域に目に見えないかたちで行使されている権力関係を脱中心化し，戦略的な**異種混交性**（hybridity）に着目する理論である。こうした点において，ポストコロニアル理論は，現代社会や文化の成り立ちやその構造的な問題を明示する，いわゆる（現代の）批判理論を代表する理論である。[1]ポストコロニアル理論は，植民地支配によって喪失した文化や社会を取り戻すための理論ではない。近代

---

(1) ヤング，R., 2005［2003］,『ポストコロニアリズム』（本橋哲也・成田龍一訳）岩波書店。

西洋諸国を頂点とし階層的に構築されつづけている，現代のグローバルな経済・政治・文化の構造に積極的な異議申し立てを行う。そして，グローバルな支配構造の重層性や，対立性，あるいは決定不能性を可視化させつづけ，直接的にも間接的にも私たちがどのようにかかわっているか，他者とどのようにかかわるべきかを具体的に考えるための理論である。

植民地化を経験した地域では，現地における天然資源の収奪のみならず，植民地間での人的資源の移動や，宗主国からの入植者と現地住民とで構成される植民地社会に独特の政策などといった特徴がみられる。そこでは，支配者（宗主国出身）と被支配者（現地住民）のあいだにさまざまな区別が設けられた。たとえば「民族」である。植民地社会における人種に基づく差別的社会構造は，肌の色や言葉の違いといった可視化された区別に依拠するのみならず，現地住民がその生活の支えとする文化を，非文明的で未発達なものとみなし（一部では近代化により失われゆく文化としての保護の対象とみなし），支配の正当性をうたう「文明のヒエラルキー」が明確に意識されていた。この帝国主義的なイデオロギーによって，植民地における現地住民（ネイティヴ）はその場所にいながらも「外部化（周辺化）」され，植民地における政治的権利や資源の再分配の仕組みから排除された。

近代西洋における「他者」へのまなざしは，「憧れ」や「怖れ」が交錯し，そこで創造されたエキゾティシズムは，西欧社会における文明史観と徹底的に対照化されてきた。**エドワード・サイード**は『オリエンタリズム』で，西洋にとってのオリエント（すなわち東洋）が，自分たちとは対照的な存在である「他者」として位置づけられてきたことを，学術研究から文学作品にいたる横断的な資料の検証によって明らかにした。[2] **ジェイムズ・クリフォード**は『文化の

---

(2) サイード, E., 1986 [1979]，『オリエンタリズム』（今沢紀子訳）平凡社。

窮状』で,かつての西洋の人類学者もまたこうした植民地的なまなざしを抱えていたことを明らかにした[3]。また,**小熊英二**は『〈日本人〉の境界』(1998年)のなかで,大日本帝国が統合・植民地化した地域の民族や文化に対する日本民俗学のまなざしも同様であることを指摘している[4]。

「文明」と対照化された,エキゾティシズムをともなう「他者」へのまなざしは,近代国家における植民地での覇権を正当化する。西洋(オクシデント)と東洋(オリエント)という2つの「異なる」地域の社会や文化を評価する際,男性／文明と女性／自然という対比的なコードが適用される。この文明×ジェンダーという二重のコードにより,オリエントはもはや単なる他者ではなく,男性／文明による好奇心・救済・支配対象として描かれるようになる(エキゾティシズムとエロティシズム)。それは男性原理による女性的なものの支配を正当化する論理にもなる。このイデオロギーは,今日でも西欧化された近代国家とその周辺諸国(その多くがかつて植民地支配を経験している)という文明史観に影響を与える(たとえば現代の国際観光客はどこで「エキゾティシズム」を体験するのだろうか?)。

第三世界の多くの地域が独立後もポストコロニアルな状況でありつづける理由は他にもある。第8章で論じた「想像の共同体」として構築されるネーション(国民=民族)という仮想共同体というかたちをとらざるを得ないポストコロニアル国家は,仮設された国境という枠組みに含まれる多種多様な民族や言語習慣を「国民」や「国語」において統合する過程で,西洋近代国民国家が内外で行使した暴力と同じ種類の暴力を行使しがちである。その意味で,ポストコロニアル理論は,近代国家システムそのものに向けても異議申

---

(3) クリフォード,J., 2003 [1988], 『文化の窮状』(太田好信ほか訳) 人文書院。
(4) 小熊英二, 1998, 『〈日本人〉の境界』新曜社。

し立てを行うのである。

ポストコロニアル理論における主体

　ポストコロニアル理論における自己アイデンティティ，すなわち**主体**（subject）は，きわめて多くの問題を含む。歴史や起源に対する**異種混交性**や決定不能性を戦略的に用いるこの理論において，一見すると一貫性のない矛盾に満ちたポストコロニアルな主体が，植民地主義に由来する人種やジェンダーに依拠する仮想的な本質性を「転倒」させるような，徹底した異議申し立ての対象にもなる。ホミ・バーバの著書『文化の場所』では，ポストコロニアルな主体が，オリエンタリズム，あるいは植民者のまなざしによって厳密に区別され明確に他者化できうるようなものではないことが理論化されている[5]。この批判的視点は，今日の人種，民族，国家（国民）といった概念の「本質」が，錯綜した歴史的経緯によって偶発的に成立しているにもかかわらず，それがポストコロニアルな主体に対して暴力的に押し付けられてきたことを浮き彫りにする。こうした，真／贋や，自己／他者，私たち／彼らといった本質化された二項対立概念の正当性をゆるがすような**脱構築**（deconstruction）の手続きによって，ポストコロニアル理論は人種やジェンダーに対する根強い差別や，旧宗主国や，または世界で覇権を握る国家に経済や政治において再度従属的な関係に陥れられるといったネオコロニアリズムによる，さらなる社会の不均衡や抑圧的構造を告発しつづける。

　ポストコロニアル理論におけるセクシュアリティとは，サイードが示すように，植民者と被植民者のあいだに生じるジェンダー化された権力関係を批判するだけではない。独立以後の旧植民地におけ

---

(5) バーバ, H., 2005 [1994],『文化の場所』（本橋哲也ほか訳）法政大学出版局。

る，人種やジェンダーにまつわる権力構造にも批判的な視座を向ける。**サバルタン**（subaltern）とは，マルクス主義思想家である**アントニオ・グラムシ**によって，20世紀前半のイタリアでみずからの困難な状況を自分自身で語り示すことができないほど徹底的に抑圧的な状況に置かれた人びとを示す言葉として用いられた。スピヴァクは『**サバルタンは語ることができるか**』（1988年）においてこの概念を展開し，ポストコロニアル・フェミニズムの視点から，第三世界においてみずからの窮状を自分自身の声で挙げることのできない現地女性をサバルタンとして論じた。[6] スピヴァクは，インド植民地時代におけるサティー（寡婦殉死）をめぐる言説を取り上げた。ヒンドゥーの支配階級にとって夫が死んだら妻も殉死することこそ貞淑な女性的美徳であるとされ，女性自身の主体性は顧みられることなく客体化（操作の対象となること）されてきた。一方，植民地政府（英国）にとってはこうした女性たちは現地の男性権力の蛮行の力なき犠牲者であり，救済の対象として客体化された。家父長制度と帝国主義という二重の権力構造のなかでみずからの声を奪われ，「表象＝代弁（representation）」された現地女性たち。それは，現地社会の主要構成員であるのに，主体性や社会的地位をみずから決定することを認められないサバルタンである。

　スピヴァクのポストコロニアル理論は，現地情報提供者（ネイティヴ・インフォーマント）を代弁することにともなう権力関係によって，今日でもグローバルな構造や地域社会のなかで，自分たちの声を奪われ自身の窮状について異議申し立てができない人たちがいることを訴える。そして，私たちはそれをどのように「代弁」しうるのかということについてより批判的でなければならないことを訴える。現在のポストコロニアル研究

---

(6) スピヴァク，G., 1998 [1988]，『サバルタンは語ることができるか』（上村忠男訳）みすず書房。

は，いまや私たちが世界や社会を理解するうえで前提にしている西洋の知の体系そのものを批判的に問いなおすプロジェクトとなりつつある。[7]

ポストコロニアル理論とグローバリゼーション

ポストコロニアル理論は，グローバリゼーションについても問題提起する。資本の動きだけではなく，人びとの国際移動も，その大半が旧植民地や第三世界から世界システムの中心へ向かう一方的な流れを形成している。現代のトランスナショナルな政治経済体制が，かつての覇権国家に代わるグローバルな脅威としてポストコロニアル国家を再植民地化しかねない。

ポストコロニアルな国家では，植民地時代に由来する部族対立や民族差別がいまも未解決である。入植者の子孫と先住民とのあいだに和解の糸口を見出すのが困難な状況を抱えているところも少なくない。かつての支配的機構（官僚制・裁判所・警察・軍隊など）を新国家の枠組みとして採用せざるを得なかったため，国内の少数派や先住民を暴力的に抑圧する構造もそのまま引き継いでいる。国家として独立していながらも，オセアニア諸国のように国家間の権力関係のなかで未だに従属的な立場におかれているところもある。[8]「国家」をもつこともできず最低限の生存のための市民権を奪われ，命の危険にさらされつづけている人たちもいる。ポストコロニアル理論は，こうした現在の事態のありのままの姿を告発する。地球上のすべての人間がどこかで何かとかかわっているような現在，ポスト

---

(7) スピヴァク，G., 2003 [1999],『ポストコロニアル理性批判』（上村忠男・本橋哲也訳）月曜社。
(8) 春日直樹，2002,『オセアニア・ポストコロニアル』国際書院。

コロニアル理論は，声を上げることの困難な人たちの声を聞くためにますます重要性を増している。

Discussion　ディスカッションテーマ

①アジアにおけるポストコロニアルな国家を一つ選び，その国の行政制度が旧宗主国とどのように共通しているか，そして経済において今もどの程度結びついているのか論じなさい。
②グローバルな資本が流れ込むことで，現地社会や現地住民をどのように「再植民地化」してしまうのか，事例を挙げて考えなさい。

さらに勉強したい学生のための読書案内

保苅実『ラディカル・オーラル・ヒストリー——オーストラリア先住民アボリジニの歴史実践』岩波現代文庫，2018。
オーストラリアのアボリジニのオーラル・ヒストリー研究を通して，ポストコロニアルな主体が，みずからの言葉で自己や歴史をどのように語ることができるのか，その「歴史的実践」を考察した一冊。

ファノン，F.『地に呪われたる者』(鈴木道彦・浦野衣子訳)みすず書房，1999 [1961]。
著者はフランスの植民地であったマルティニーク島出身。植民地社会がそこで生まれて生きる個人の自己意識にどれほど過酷な影響を与えつづけるのかが描かれている。

第 **12** 章
カルチュラル・スタディーズと文化の動態性
―「政治(ポリティクス)」としての文化理解に向けて

文化へのまなざし

　「文化」とは身近な用語でありながら，その概念について適切に説明することは決して簡単なことではない。そのことは，第1章でも触れたとおりである。文化について考えることの難しさの一つは，それが日常生活における具体的な実践や行動のすべてに付随するにもかかわらず，特定の文化の具体的な内容を示すだけでは，私たちの日常生活における「文化」全体を語ることができないことである。そして，第1章を読んだ読者は，すでに文化とは静態的で普遍的なものではなく，それを取り巻く歴史的関係性や社会関係において変容したり，再構成されたりすることを知っている。その文脈から改めて「日本文化」について考えてみよう。私たちがこの文化についてまず初めに思いつくものといえばいったい何であろうか。たとえば，歌舞伎，着物，あるいは和食？　では，私たちのどれくらいが実際に日常的に歌舞伎を楽しみ，着物を着こなし，和食を中心とした食生活を実践しているだろうか。「マンガ」や「アニメ」は日本を代表する文化だといわんばかりである。しかし，誰がどのような基準から，そのことを明らかにすることができるのだろうか。

　文化を語ることに常々ともなうそのとりとめのなさを理解し，文化の多様性を考えるために，私たちは視野をもう少し広げる必要がある。まず，現代文化の多様性には文化産業の隆盛，しかも**ポスト・フォーディズム社会**に特徴的な商品の生産様式がある。そこで

は商品そのもの以上にそれに付随するイメージを選好するという**記号消費**を前提とした生産体制を踏まえておくことが必須となる。このイメージとはすなわち商品の「価値」である。文化を「消費」すること，あるいは文化によって自分のアイデンティティを表象することは，その文化に帰属する自己やその文化集団の社会的承認や地位向上を得るという政治的な実践である。文化は経済や政治の問題と切り離して考えることができない。こうして，現代社会における文化の役割とそれが果たす機能を経済や政治と結びつけて考えるとき，私たちは現代文化の考察により批判的な視点をもつことができる。こうした視点から現代文化について研究するのがカルチュラル・スタディーズである。

カルチュラル・スタディーズの誕生

　カルチュラル・スタディーズとは比較的新しい学問領域である。多くの研究者が，その起源を1950年代における英国でのニュー・レフトという学術的な左翼運動に求めることが多い。そこでは，マルクス主義の理論を批判的に継承しつつ，経済決定論にとどまらない文化の重要性が論じられるようになった。この時代，**リチャード・ホガート**は，英国における労働者階級の文化の変容に注目した。『読み書き能力の効用』において，英国社会における労働者階級のもつ独自の文化など，社会における文化の多様性に言及し，米国の大衆文化の英国社会への浸透がこうした文化の独自性を徐々に解体していく様を描いた[1]。また，**レイモンド・ウィリアムズ**は『文化と社会』において，産業革命から1950年代にわたる社会変動にともなう英国における文化概念の変化を検証した。従来の文学理論で前

（1）ホガート，R., 1974［1957］,『読み書き能力の効用』（香内三郎訳）晶文社。

提とされたような，普遍的な価値に由来する文化観に対し，社会構造の変化によって動態的に変容する文化概念を主張した。[2]ホガートやウィリアムズは，文化が社会から切り離された独自の審美的な価値を有する体系ではなく，常に社会的に構築され，経済や政治的関係の変化により異なる価値づけを与えられるものであることを明らかにした。そこには社会のさまざまな政治的力学のなかで独自の価値体系を有する個々の文化集団の存在，という文化多元主義的な視点も含まれていた。

このような新しい文化への視点に基づく研究機関として，ホガートを初代所長とし1964年に設立された，バーミンガム大学現代文化研究所がある（この研究所は2002年まで存続した）。この研究所は，英国におけるカルチュラル・スタディーズの成立に重要な役割を果たした。1968年に所長となった**スチュアート・ホール**は，カルチュラル・スタディーズの理論的そして方法論的な位置づけについて決定的な役割を果たした人物である。この新しい学問の構築にあたり，マルクス主義経済学理論の再導入のみならず，ドイツを拠点に**フランクフルト学派**が研究を進めていた文化産業に対する批判理論（critical theory）や，フランスを中心とした**ポスト構造主義**（post-structuralism），あるいは**ピエール・ブルデュー**による文化資本（cultural capital）の理論（第18章参照）など，文化と社会を考えるうえで重要な理論を積極的に導入した。その学際性によって，大衆文化まで射程に収めたより包括的な文化理論や方法論を発展させた。

こうした文化の政治を分析する方法論の代表として，文化表象を特定の社会的に構築された価値＝意味を含んだ「**テクスト**」として扱うというものがある。この記号論的な方法は，カルチュラル・ス

---

(2) ウィリアムズ，R., 1968 [1958]，『文化と社会』（若松繁信・長谷川光昭訳）ミネルヴァ書房。

タディーズが伝統的に依拠した文学研究の流れをくむものでありながら,ポスト構造主義の影響を強く受けた方法論である。ホールが展開した**エンコーディング・デコーディング**(encoding/decoding)**理論**は,コミュニケーションにおいて送り手がメッセージに与えるコード(意味)が受け手に受容される際,受け手もまたその独自の文脈によってメッセージを脱コード化することを理論化した。[3] その結果,テクストに対する受け手の能動的な読み(解釈あるいは再価値づけ)を重視するだけではなく,状況的文脈により従来の伝統的な文化とその権威化された価値を再解釈し,時にはそれを転倒しうるという,批判的な分析視点が構築された。この文化の政治を考察するにあたり,従来価値を置かれなかった文化を既存の権威的価値に沿って価値づけなおしてみせるという**流用=奪用**(appropriation)の理論や,それらに新たな価値を付与するような**分節・節合**(articulation)の理論など,能動的な文化的実践がますます注目されるようになった。

しかし,文化がもつ価値には,受け手の解釈の余地を許さない強固な価値=意味づけが再生産されつづけていることもまた重要である。そこで,テクストとしての文化の能動的な読み取りが抵抗的政治となる可能性を示唆される一方,ミッシェル・フーコーの権力論(第8章参照)や,アントニオ・グラムシによって理論化された,抑圧ではなく文化的価値の合意によって支配と被支配の関係性を正当化するという**ヘゲモニー**(hegemony)概念などが導入された。特定の文化的価値が社会的な規範的合意を再生産するプロセスと,その結果としての社会における一定の権力構造を再生産しつづける構造

---

(3) Hall, Stuart, 1980, "Encoding/decoding," Stuart, Hall, Dorothy Hobson, Andrew Loweand Paul Willis. eds., *Culture, Media, Language*, London: Hutchson with the Centre for Contemporary Cultural Studies, pp. 128-138.

の解明により,深く踏み込むことができるようにもなったのである。

　以後,カルチュラル・スタディーズは文化と社会階層への注目にとどまらず,現代社会の多様性を反映し,人種,エスニシティ,ジェンダー,若者文化,消費文化などさまざまな文化領域での文化政治についての研究へと拡大し,多様な理論の積極的な導入が行われてきた[(4)]。社会階層や階級といった社会関係とその再生産において,特定の個人や集団が行使しうる直接的な経済的・政治的次元だけではなくその価値規範の形成に寄与する文化の役割,すなわち「**文化の政治（文化ポリティクス）**」の次元が改めて注目されることになったのである。

　これらの代表的な研究には以下のようなものを挙げることができる。ディック・ヘブディッジは『サブカルチャー——スタイルの意味するもの』で,若者のパンク・カルチャーを対象としたサブカルチャーによる新たな文化の創造と規範的な文化的価値に対抗的な政治について論じた[(5)]。ポール・ウィリスは『ハマータウンの野郎ども』(1977年)で,労働者階級の若者が階級独自の規範的価値を日常生活のなかでどのように継承し,その結果として労働者階級特有の意識による社会階層の再生産が生じていくのかを観察した[(6)]。ジョン・フィスクは『テレビジョンカルチャー』で,従来のマスコミュニケーション研究で注目されることのなかった,番組に対する視聴者（オーディエンス）の能動的な読み取り（価値づけ）という文化的

---

(4) 以下の文献を参照。本橋哲也,2002,『カルチュラル・スタディーズへの招待』大修館書店。毛利嘉孝,2003,『文化=政治』月曜社。 伊藤守編,2004,『文化の実践,文化の研究——増殖するカルチュラル・スタディーズ』せりか書房。 吉見俊哉,2003,『カルチュラル・ターン,文化の政治学へ』人文書院。

(5) ヘブディッジ,D. 1986 [1979],『サブカルチャー——スタイルの意味するもの』(山口淑子訳) 未來社。

(6) ウィリス,P., 1985 [1977],『ハマータウンの野郎ども』(熊沢誠・山田潤訳) 筑摩書房。

実践を検証した。さらに,社会における文化の動態性や多元性と社会的マイノリティに対する政治的な力学への注目により,**ディアスポラ**と呼ばれる移民集団とそのエスニックな文化の再創造も注目されるようになった。こうしたディアスポラの歴史から,**ポール・ギルロイ**の『黒い大西洋(ブラック・アトランティック)と知識人の現在』(1993年)のように,奴隷交易による大西洋両岸におけるアフリカ系移住者たちが生み出す,ポストコロニアルで異種混交的な文化創造,さらには第11章で論じたポストコロニアル理論との節合により,トランスナショナルな歴史／文化圏から国民国家と西洋のモダニティを批判的に考察するような研究も生み出されている。また,以上のようなカルチュラル・スタディーズとポストコロニアル研究の節合は,国内でも観光研究や,沖縄研究などに新たな視座をもたらしている。

カルチュラル・スタディーズの展開

　カルチュラル・スタディーズはいまや欧米社会にとどまらず,世界中で一つの大きな学問的潮流となっている。日本も含め,文学や歴史学などの人文学や,人類学や社会学など社会科学の従来の学問領域にとどまらず,人種・エスニック研究,ジェンダー・セクシュアリティ研究,ポストコロニアル研究やナショナリズム研究,グローバリゼーション研究など,さまざまな応用領域に直接的にも間

---

(7) フィスク,J., 1996 [1978],『テレビジョンカルチャー』(伊藤守ほか訳)梓出版社。
(8) ギルロイ,P., 2009 [1993],『黒い大西洋(ブラック・アトランティック)と知識人の現在』(市田良彦ほか訳)松籟社。
(9) 遠藤英樹・堀野正人,2004,『「観光のまなざし」の転回——越境する観光学』春風社。
(10) 多田治,2004,『沖縄イメージの誕生——青い海のカルチュラル・スタディーズ』東洋経済新報社。

接的にも影響を与えつづけている。日本では，民俗学，社会学，人類学，観光学，あるいは歴史学やナショナリズム研究などさまざまな分野と交差しながら独自の展開をとげている。このように，地域や国の文脈や歴史的背景に応じて，その学際的な特徴による横断的な批判理論の構築に寄与している。

　現代文化を論じるうえで，グローバリゼーションの影響を無視して考察することは不可能となりつつある。現代日本の大衆文化を代表するアニメに目を向けてみれば，この「日本文化」にも多くの文化の政治学の側面がうかがえる。

　そもそも，私たちはアニメを「日本の」と言い切ってしまうことができるのだろうか？　本来，日本のアニメーションは，戦後の日本におけるアメリカの大衆文化の導入の影響を強く受けたものであるともいえる。このことは，そもそも戦後の「日本の」大衆文化，ひいては日本社会とは何であるか，という問いを突きつける。岩渕功一が「文化的無臭」と形容するように，アニメにおけるキャラクターや舞台の設定は，きわめて多国籍あるいは無国籍なコンテンツで構成された異種混交的な構成となっている。私たちは，どうしてそれを「日本の」アニメとして屈託なく消費できてしまうのか。今や「日本の」アニメの消費者は日本国内にとどまらない。視聴者はそれ自身の固有の文脈で，アニメというテクストをどのように解釈しているのだろうか。さらに，現在の「クール・ジャパン」事業のように，民間だけではなく政府も一致団結して実践されるアニメのグローバルな展開は，単なる娯楽産業の国際展開にとどまらず，国際関係において政治経済などのハード・パワーではなく，文化的な価値を行使するソフト・パワー戦略として，日本の国際政治にどのような影響を及ぼすことになるのか。

　この章で展開したカルチュラル・スタディーズという文脈における「日本の」アニメへの根源的な問いの一つは，この文化の「ナショナル」な部分と「グローバル」な部分の境界はどこに引くこと

ができるのだろうか,というものである。そして,この2つのあいだのどこかで誰かに何かしらの区別が設けられるとき,そこにかかわるすべての集団のあいだで文化を介した政治的な力学が生じているのである。

Discussion ディスカッションテーマ

① マンガ,音楽,ファッションといった私たちに馴染みの深いポピュラーカルチャーを1つ選び,その文化的な価値のなかに,人種,ジェンダー,階層などについてどのような政治的なメッセージを読み取ることができるのか論じなさい。
② 文化事象を1つ選び,それが歴史的にどのような異なる価値を有していたのかを考察しなさい。

さらに勉強したい学生のための読書案内

ベネット,T. ほか『新キーワード辞典――文化と社会を読み解くための語彙集』(河野真太郎ほか訳)ミネルヴァ書房,2011 [2005]。
今日のカルチュラル・スタディーズにおける主要なテーマについて,この分野を代表する各国の執筆陣によって詳細な個別解説が設けられている。カルチュラル・スタディーズの学際的な広がりのみならず,その世界的な展開についても知ることができる。

セルトー,M.『日常的実践のポイエティーク』(山田登世子訳)国文社,1987 [1980]。
テクストの能動的な読み取りとそこからの能動的な文化的実践についての論考が収められている。カルチュラル・スタディーズにおける方法論を理解するうえで代表的な一冊。

第13章
観　光
―― 文化のせめぎあう場として捉える

文化人類学（者）と観光

　文化人類学者は，ほとんどのケースで，みずからの調査地域に赴き，さまざまなデータを収集するフィールドワークを実施することを研究の中心に置いている。また観光旅行においても「一時的に居住している土地を離れる」行動をともなう。双方に共通しているのは，居住地からの一時的な移動をともなうということである。しかしながら，文化人類学者は，みずからを観光客と明確に区別してきた傾向が強かった。フィールドワークがしばしば苦痛をともなうこともあり，長期間の滞在を前提としている一方，「観光」は余暇・レジャーとしての要素が強かったためである。

　そのためであろうか，文化人類学（者）は，19世紀のイギリスでは近代観光が成立したにもかかわらず，長らく観光を研究対象として認識してこなかった。観光現象が研究対象として取り上げられるようになったのは，20世紀も後半になってからのことである。もしかすると，観光の場で見出される文化は，「まがいもの」で「商品化」されたものであり（次節参照），そこでは純粋な「文化」を見出せないという意識があったのかもしれない。一方で，近代の成立のなかで生成した「観光」は，特に先進諸国で大衆規模の広がりを見せ，20世紀以降世界中の各地域で無視することのできない産業となり，現象となったのである。その背景の一つとして，輸送技術の進歩が挙げられる。そもそも近代観光の成立要因の一つは，鉄道

の発明であった。大量の人を一度にしかも短時間で運ぶことが可能になったためである。その後，船舶の大型化により，より安全に海を越えることが可能になり，1960年代のジャンボジェット機の登場により，さらに遠距離にかつ短時間で人を移動させることが可能になった。このような技術進展の結果，特に国際観光客が大きな伸びを見せた。

しかしながら，文化人類学の研究対象として観光が主題として上がったのは，1970年代である。アメリカの文化人類学会において，観光が組織的な検討課題となった。そして**ヴァーレン・スミス**によって編著『**ホストとゲスト——観光・リゾート開発の人類学**』がまとめられ，観光は文化人類学における主要なトピックの一つになったのである[1]。いわば，観光人類学という一つのジャンルが形成されてきたともいえよう。

観光の場における文化とは？

観光人類学は，「ホスト＝受け入れる側」と「ゲスト＝観光客」の関係性，特に観光客を受け入れる側のホスト社会に着目してきた。そして，ホスト社会の文化は，観光の場における商品としての役割を有していることが，強調され，論じられてきた。つまり，観光の場における文化は「演じられた文化」であるという認識が広まってきた。そのような一面は，実際の観光地の多くの局面で見ることができよう。観光客向けの施設において，観光客向けに演じられる民芸や伝統文化は，日本のみならず，世界各地でみられる。それは，

---

(1) 1990年代に入り，日本においても，文化人類学における観光の存在感は高まってきた。山下晋司を中心に観光人類学関係の書籍が多く出版されることになった。代表的なものとして『観光人類学』（新曜社）が挙げられる。

本来のコンテクスト，つまり地域性や歴史といった要素を無視して，切り売りされているという見方もできよう。このような点を批判的に検証したのが，**ダニエル・ブーアスティン**である。ブーアスティンは，メディアによって生産される「現実」を「**擬似イベント**」と呼び，観光旅行はその典型例であると指摘した。

しかし，この視点を批判したのは，**ディーン・マッカネル**である。マッカネルは，ブーアスティンの視点に，「旅」と「観光」を区別しているエリート主義が内包していることを前提に，観光客は創られた擬似イベントを受動的に体験させられているのではなく，むしろ能動的に**真正性**（Authenticity）を追い求める存在であると指摘し，ブーアスティンの旅と観光の区分を批判した。さらに吉見俊哉は，ブーアスティンの複製技術の結果生じた擬似イベントとしての観光と，そもそも19世紀以前に本物の「旅」が存在していたのかという点を批判している。

また，文化が切り売りされているという認識に基づいた文化の商品化という論点からは，ローカルな文脈から切り離された文化は，観光という資本主義システムのなかで商品として消費され，本来の「文化」自体が消滅してしまうという見解があった。国際観光の枠組み自体が，ゲスト＝先進国，ホスト＝途上国というものから成り立っているためである。事実，多くの途上国が外貨収入を得るために，国際観光が活発化する1970年代以降，観光開発に力を入れてきた。

タイの場合，1970年代半ばのベトナム戦争の終結以降，観光開発が盛んになった。それまでの外貨収入源の一つであったアメリカ軍の撤退にともない，新たな外貨収入源が必要になったのである。

---

(2) 吉見俊哉，1996，「観光の誕生——擬似イベント論を超えて」山下晋司編著，『観光人類学』新曜社，pp. 24-33 参照。

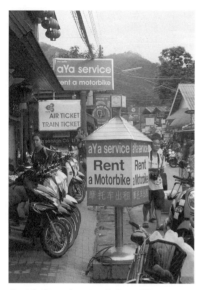

タイ北部のパーイの街角の看板　かつてのバックパッカーの聖地。近年，中国人観光客の存在の高まりがみられる

その結果，タイを訪問する外国人観光客が急速に増加することになったが，同時にリゾート開発にともなう自然環境の破壊，性の商品化，そして山岳少数民族などのエスニック・マイノリティの文化の商品化などが，新たな問題として表面化した。性の商品化に関しては，いわゆるセックス・ツーリズムが1980年代から表面化してきた。またエスニック・マイノリティである山岳少数民族に関しては，観光の場における「伝統文化」の消費において，本来のコンテクストからデフォルメされた文化の切り売りではないかということもしばしば問題視されてきた。これらから浮かんでくるのは，「まなざし」の対象としてのホストである。この「まなざし」は，イギリスの社会学者ジョン・アーリの概念である。アーリは観光客のまなざしは「日常と異なるものをほんのちょっと見て消費する」ものであると述べている[3]。その意味では観光の場において「女性」や「少数民族」は，非日常を追求する観光客のまなざしの対象になっているのである。そして，観光客の「非日常」を演出するような仕掛けとして，ゲスト側から求められるものになっている。

---

(3) アーリ, J., 2014 [2011], 『観光のまなざし』（加太宏邦訳）法政大学出版局。

ホストとゲストの相互作用のなかで

　このような観点から考察していくと，観光の場におけるホスト-ゲスト間の力学が問題となってくる。ホスト側は，ゲストのまなざしに沿った「商品」を提供する存在であり，そこからはホスト側の文化が消滅するという危惧が生じてこよう。しかし実際のところ，ホストとゲストのせめぎあう場として，いわば，メアリー・プラットのいう「コンタクト・ゾーン」としての観光の場では，文化の商品化に立脚した「消滅の文化」という一元的な語りに還元することができないようなダイナミズムが存在している。観光（開発）によって，ローカルの文化が本来のコンテクストから乖離(かいり)し，消滅してしまうという語りは，ホスト側が有するしたたかさを見逃し，文化が消滅するというロマン主義的な視点に基づいたものである側面もある。もちろん，巨大資本やナショナルレベルの政治的権力の論理に基づいた観光開発や政策で，ローカルの人びと，とりわけエスニック・マイノリティなど社会的弱者の生活環境が脅かされることは，往々にして起こりうるのも事実である。

　しかしながら，そのような上からの力学に対して，彼らがしたたかに対応していることも忘れてはいけない。時には，みずからの投影されたイメージを本質化し，観光の場に期待されるような形式で提供する。このイメージに関しては，とりわけ西洋と非西洋という枠組みが問題になる。西洋からの「まなざし」が，観光の場におけるイメージ形成に大きく寄与する。たとえば，南国イメージはその典型例であろう。太陽，白い砂浜，椰子の木という典型的な南国イメージは，一種の「楽園」を想像させるものであり，時にそのイメージに沿うように観光地を創りあげることもある。そこにはメディアが大きく関与している。しかし，バリ島のように，西洋によって構築されたイメージによって儀式が構築され，もしくは伝統的なコンテクストを流用しつつ，新たな「伝統」を構築してきた例

第13章　観　光　109

があるという指摘がある（第10章参照）。そこでは，権力関係のなかで弱い立場に置かれた存在が，与えられた本質主義的イメージを戦略的に使用する**戦略的本質主義**の手法をとり，みずからのアイデンティティを構築する場として「流用」を実践している。このように「生成の語り」の視座をもって，観光とその文化を認識していく必要性もある。

観光と文化の資源化

その一つの事例を，現代の日本にみることができる。近年の日本において，観光の場における文化の有益性は，その存在感をますます高めている。少子高齢化などで地域社会の共同体の維持が困難になっているなかで，観光にかける期待感は非常に大きいものとなっており，地域活性化のための観光が盛んになっている。そこでは，より多くの観光客を集めるために，文化を「有効に」活用していくことが求められている。それまで「有効」な資源としてみなされなかったような文化的要素までも，文化資源として掘り起こされ，観光の場における商品として提供されている。そこでは，地域文化を掘り起こし，再編制し，そして「ブランディング」することで観光の場に提示していくのである。その最たるものが世界遺産登録をめざす地方の動きに反映している。いわゆる「**文化の資源化**」が進行しており，それは経済的な利益をもたらすだけではなく，疲弊した地域を活性化し，共同体とその成員のアイデンティティを維持し構築するという役割を果たしうるのである。

現代社会における観光の場は，さまざまな力学・ダイナミズムが

---

(4) 太田好信は，沖縄の事例でこの点を指摘している（『トランスポジションの思想──文化人類学の再想像』，世界思想社，1998）。

作用する場であり，かつて想定されたような経験の真正性，「ホスト―ゲスト」の二元論，そして消滅の語りのみで語ることが困難になっている。グローバリゼーションのもと，イメージの形成にはメディアが作用し，旅行会社や国家・地域の意図，地域住民間の意識の差など，多くの要素が絡みあい，相互作用する，重層的でダイナミズムに満ちた場である。そのような一種のせめぎあいの場で形成され，商品として消費されている文化を考察することは，現代社会における文化を考える意味では，多くの示唆を与えてくれる。

Discussion ディスカッションテーマ

①2000年代中盤から，国際観光の枠組みで，ホストとしての日本がクローズアップされているが，その背景と要因を検討しなさい。
②日本の地方における観光，地域活性化，文化の資源化の関連性の事例を挙げ，そこに潜むメリット・デメリットを具体的に検討しなさい。

さらに勉強したい学生のための読書案内

山下晋司編『観光文化学』新曜社，2007。
1996年に刊行された『観光人類学』の改訂版。観光の歴史的な意味から現代社会における事象まで，多岐にわたる内容を含んでおり，入門書として最適。

アーリ，J.『観光のまなざし――現代社会におけるレジャーと旅行』（加太宏邦訳）法政大学出版局，1995。
ミッシェル・フーコーの「まなざし」の概念を観光研究に盛り込んだ名著。観光客の視点はどのように形成され，観光の対象がどのように形成されていくのかという点に着目している。

---

(5) このような動きは，地域にとってのメリットばかりではない。デメリットも多くある。たとえば，ブランディングの段階で，価値の有無が測られ，地域内における新たな競争，格差の創出につながることなどである。

第 3 部

グローバル化時代の文化の越境と動態性

Transnational Cultural Flows

第**14**章

文化を記述する
―― 文化を語る権利は誰にあるのか

文化を記述すること

　文化を書くという行為は,文化人類学と社会学における質的調査において主要な方法論であったが,流れとしては1960年代の構造主義の時代への転回(第2章参照)の後には,1970年代のクリフォード・ギアーツによる解釈人類学の潮流,1980年代からのポストモダン人類学およびカルチュラル・スタディーズの流行という大きな波をみることができる。

　文化人類学においてはB. マリノフスキやF. ボアズ以降,調査される人びとと長期間接するなかで信頼関係を構築し,彼ら(調査される人びと)の視点で彼らの文化を捉える視点(エミックな視点)で民族誌を記述することが方法論的伝統となった(第1章参照)。その伝統は,サモアやニューギニアをフィールドにジェンダー研究を先駆的に行った**マーガレット・ミード**や第二次大戦期に日本人の気質を綿密な聞き取り調査をもとに研究した**ルース・ベネディクト**,またザンビアを中心としたアフリカの都市の社会変動,移民,社会的ネットワークの研究を行った**マンチェスター学派**などに脈々と受け継がれ,今日でも方法論的基礎となっている。また,社会学においても1920年代以降のアメリカの移民社会や逸脱者研究を行った**シカゴ学派**にみられるように,質的社会学の伝統的手法として民族誌的調査は行われ,ボストンのイタリア系コミュニティをフィールドに,ギャングの若者らの仲間内での地位関係やマフィアや警察など

との権力関係の相互作用などを分厚く記述するホワイトの『**ストリート・コーナー・ソサイエティ**』(1943年)や, 手紙や日記および聞き取り調査を綿密に行いながらアメリカに移住したポーランド人移民の定住過程を描くトーマスとズナニエツキの『**ヨーロッパとアメリカにおけるポーランド農民**』(1918-20年)のように, 今日でも高く評価されている古典が数多く存在する。同様に, 1970年代以降の融合的領域としてのカルチュラル・スタディーズにおいても質的調査は重視され, ポール・ウィリスの『ハマータウンの野郎ども』のように, すぐれたエスノグラフィーが出版されてきた。

民族誌を記述する手法は, フィールドワークを行う学問において確立された学問的方法論とされてきたが, 1970年代の**クリフォード・ギアーツ**の貢献は特筆すべきである。ギアーツは文化を**象徴**(シンボル)に満ちた「**意味の網の目**」として捉え(第1章参照), フィールドワークにおいて, 現地の文化的コンテクストに即して, その象徴の意味を解釈し, 「**厚い記述**」を行うべきであると提唱した。このアプローチは**解釈人類学**と呼ばれている(第1章参照)。なかでも『文化の解釈学』のバリ島における闘鶏の考察は評価が高く, 闘鶏を単なるギャンブルではなく, 「ディープ・プレイ」すなわち深い遊びとして捉え, それに含まれるバリ島文化の世界観やその象徴およびバリ人にとって闘鶏に参加する感情や文化的意味について, 解釈に満ちた分厚い記述を行っている。

表象の危機──ポストコロニアル理論の方法論的影響

1970年代以降のポストモダンの理論的潮流, E. サイードらを震源とするポストコロニアル理論の流行は, 方法論的には「表象の危機」そして「人類学の人類学」の時代につながった。すなわち, 文化人類学者が, 文化を書くというみずからの行為そのものを批判的に考察するようになった。ポストコロニアル理論は, 立場および権

力関係の落差に着目する傾向があった（第 11 章参照）。それゆえ，フィールドワークを通して民族誌を記述する学問において，調査者（書く者）と調査される人びと（書かれる者）という立場や文化を書くという行為の批判は，人類学にとっては危機を意味していた。この点を鋭く指摘したのが，**ジョージ・マーカスとマイケル・フィッシャー**の共著『**文化批判としての人類学**』(1986 年)および**ジェイムズ・クリフォードとジョージ・マーカス**の編著『**文化を書く**』(1986 年)である。マーカスらは人類学者がフィールドワークで経験し，観察する現実や被調査者の発話は，フィールドワークという限定的なコンテクストにおける「部分的真実」として捉えられるべきであり，それを一般化した真実として客観的に記述する行為や姿勢を批判した。また，エミックな視点で調査し民族誌を記述したとしても，「書く」という行為の一方向性から逃れることはできない。つまり，書くという行為によって，研究者は民族誌や論文という研究上の成果を得るが，調査される人びとはこの点において何も得られない。これらの点において，書くという行為は権力関係の落差を内包しているといえる。

　この論点は，博物館や万国博覧会における異文化の展示の問題にも向けられてきた。博物館は，伝統的に社会進化論的な背景をもとに，西洋＝近代が植民地＝非西洋＝未開の文化を展示してきた。これらの過程には，政治的および軍事的圧力を背景とした略奪や暴力が隠蔽されるとともに，展示においては進化の終着点としての西洋が，一方的に異文化を分類し展示するというプロセスが存在していた。また，同様の問題は万国博覧会にもみられ，**吉見俊哉**は『博覧会の政治学』(2010 年)において，19 世紀から 20 世紀にかけて博覧会という場が博物学的まなざし（近代西洋の知が異文化の諸要素を分類し，進化論的に序列化する視点）のイデオロギー装置となっていく過程と権力作用を考察している。

文化を語る権利は誰にあるのか

　民族誌には書く者，書かれる者，読む者という三者構造が存在する。表象の危機の時代における民族誌について，文化を書く者（調査者）の立場の問題と一方向性の問題は，書かれる者（調査される人びと）や読む者（読者）が文化を語るときの社会的相互作用や権力関係への着目にもつながった。

　太田好信は『トランスポジションの思想』（1998年）において，観光文化の対象とされてきた側，つまり書かれる者の立場にあった彼ら自身が，文化を語る側になったときに生じるアイデンティティ・ポリティクスや**文化の客体化**について考察している。太田は，遠野や沖縄およびアイヌの事例をもとに，ゲスト側が抱く本質主義に満ちた観光の語りやまなざしに対して，ホスト側はみずからが生きる世界を演出する側面があると述べる。たとえば岩手県遠野地方では，現地住民や自治体が柳田国男の『遠野物語』の世界に属する住民としてみずからを表象し，みずからの文化を操作の対象とし再構築するプロセス（文化の客体化）が生じている。この過程には，与えられた語りに含まれる本質主義を「利用」する文化的実践，すなわち**戦略的本質主義**がみられる。また，太田は沖縄の漁村の民が，海人（ウミンチュ）としての観光客への文化の語り手となったときに，自身の海人としてのアイデンティティをポジティブなものとして再認識している点を考察している。

　同様の事例は，観光のコンテクストにおいて文化の語り手の立場が逆転した際にしばしばみられる。たとえばオーストラリアの主要都市にはいずれもアボリジニの文化センターがあり，各地から雇用された「先住民」がブーメランや楽器ディジュリドゥの説明やダン

（1）詳細については，桑山敬己，2008，『ネイティヴの人類学と民俗学』弘文堂を参照。

「アボリジニ文化」のおみやげ店　「真正な文化」とは何か。そもそもアボリジニとは一つのカテゴリーと言えるのか

スショーを行う。かつては200以上の言語が存在しており，広大なオーストラリア大陸の先住民をアボリジニという一つのカテゴリーで捉えるのは不可能である。しかし，ゲストのまなざしはそうではない。アボリジニの人びとは誇るべき「アボリジニ」の「真正な文化」を語り，見せるのである。彼らの大半は都市で育ち，英語を母語としている。しかし，観光というホストとゲストの相互作用の場での経験は，彼らに「アボリジニ」のアイデンティティのポジティブな再認識を生む。

　以上のように，ポストコロニアルの状況では必ずしも書く者が専門的研究者や旧支配層の研究者ではなく，ネイティブが文化を語るという状況が生じ，これまで注目されてこなかった文化を語る立場や権力関係の問題を考察するうえで，重要な視点を提示している。社会的に周縁化され抑圧的な位置にありながらも行為主体性(エージェンシー)をもつサバルタンへの着目（第11章参照）にみられるように，抑圧されてきた側が支配者の言語によって語るという現象に権力関係の転覆が生じているという議論もある。書く者と書かれる者をめぐる権力関

係は，支配と被支配という二項対立的な枠を超え，動態性に満ちた権力関係の考察として捉えるべきであると言えよう。

　語られてきた側による文化の客体化や戦略的本質主義においては，彼ら自身の**文化の真正性**からの乖離や，あるいは戦略的本質主義をもとに，期待されている文化的イメージを「演じる」行為や権利の主張を行う事例などが「問題」となりうる。しかし，これらの「問題」に関して，まなざしを投げかける側のわれわれは批判する権利があるのであろうか？　この点に関して太田は，文化の真正性とは過去から発掘されるものではなく，現在行われる解釈の所産であるために，観光というコンテクスト自体が，彼ら自身の文化や要求を語る場として認識されると述べている。[2]

フィールドワークの方法論的展開──省察的参与観察へ

　ポストコロニアル理論の方法論的影響としてマーカスらが提起した，表象の一方向性をめぐる立場や権力関係の落差に関する批判を経て，今日の文化人類学はフィールドワーク中の参与観察において研究者の「参与」の度合いを増し，表象をめぐる立場や権力関係の落差を減らすことを試みるようになっている。この傾向について，テッドロックは「参与観察（participant observation）」から「参与の観察（observation of participation）」への転換であると指摘する。[3] つまり，省察性（reflexivity）を重視した民族誌調査を重視することによって，文化を書くという行為に含まれる権力関係の落差の問題を最小限に

---

(2) 太田好信，1998，『トランスポジションの思想──文化人類学の再想像』世界思想社, pp. 93-94 参照。

(3) Tedlock, B., 1991, "From Participant Observation to the Observation of Participation: The Emergence of Narrative Ethnography," *Journal of Anthropological Research*, 47(1): 69-94.

し，民族誌自体もみずからの参与観察という一定の文化的コンテクストにおいて生まれたものである点を認識しようとする取り組みである。

Discussion ディスカッションテーマ

①G. マーカスらが指摘した「文化を書く」という人類学者の行為に含まれる問題について，自分なりに具体例を挙げながら説明しなさい。
②「アボリジニ文化のおみやげ店の写真」に写っているドットアート模様の傘は，彼らの「真正な文化」と言えるのか，またわれわれはそれについて意見を語る権利があるのか，本章で示した理論や視点を用いながら考察しなさい。

さらに勉強したい学生のための読書案内

マーカス, G., フィッシャー, M.『文化批判としての人類学』紀伊國屋書店, 1989 [1986]。
1980年代の「人類学者による人類学批判」の時代を代表する著書。ポストコロニアル理論の文化人類学の方法論的影響を考察するうえで欠くことのできない本。

太田好信『トランスポジションの思想──文化人類学の再想像』世界思想社, 1998。
J. クリフォードらの理論を踏まえつつ，表象の危機を迎えた人類学が内包する，民族誌を書く者と書かれる者の問題について鋭く考察している。

第15章
グローバル化論・トランスナショナリズム論
―― グローバル化＝アメリカ化か？

グローバル化とは――社会学および文化人類学における概念

　グローバル化という用語は，メディアや日常生活において「アメリカ化」や「マクドナルド化」と同義で使われる場合もあるが，社会学や文化人類学はそのようには捉えていない。

　定義は研究者によってさまざまだが，桑山敬己は「輸送手段やメディアなどの発達によって，人・モノ・資本・情報の流れが地球規模で進み，その結果もたらされた**「時間と空間の圧縮」**〔D. ハーヴェイ〕により，世界各地に密接な相互関連が生じた20世紀末以降の状態または過程」と定義している[1]。また，グローバル化は国や政府を単位としない点で国際化とは異なる概念である[2]。

　1990年代からグローバル化という用語は一般的に用いられるようになった。グローバル化によるフィールドの変化を目の当たりにした文化人類学や社会学は，その理論化を行うに至り，すぐれた論客を輩出してきた。たとえば，**アルジュン・アパデュライ**は国境を超える5つの物的・文化的流れ（5つのスケープ論）を論じ，フィナンスケープ（資本の流れ），エスノスケープ（人の流れ），テクノス

---

(1) グローバル化の定義・概念については桑山敬己，2002，「グローバリゼーション」綾部恒雄編，『文化人類学最新術語100』弘文堂，pp.54-55 を参照。
(2) 国際化という用語自体，英語では該当する用語がない。日本語ではグローバル化と国際化の概念の違いが曖昧なまま使用されているのが実情である。

ケープ(技術の流れ),メディアスケープ(情報・メディアの流れ),イデオスケープ(イデオロギーの流れ)を挙げ,グローバル化時代の文化的・物的越境の複雑性を論じている。これらの視点にみられるように,今日の社会学や文化人類学はグローバル化をアメリカ化のような単純な図式で捉えるのではなく,複雑性と動態性に満ちたプロセスとしてみる点に特徴をみることができ,この視点は多くの社会学者や文化人類学者に共有されている(第17章のグローカリゼーションの議論なども参照)。

グローバル化と近代の関係性

　グローバル化論の論点・論争の一つとして,グローバル化と近代の関係性をめぐる議論が挙げられる。すなわち,グローバル化が進展した現代が,近代の一部なのか,それともまったく別の時代なのかという議論である。現代を近代の一部として捉える立場の代表的論客はアンソニー・ギデンズである。ギデンズは『近代とはいかなる時代か?——モダニティーの帰結』において,近代化の特徴として遠距離間にまたがる世界規模での関係の深化が近代の特徴であり,グローバル化はそれが進展したものであると論じる。また,その過程において地理的・時間的に離れていたあらゆるものが個人を取り巻く日常生活に埋め込まれる(「脱-埋め込み論」)と共に,近代性の制度的側面としての監視,資本主義,産業化,軍事力などの「近代の産物」は,グローバル化を進展させる推進力となっている点をも指摘する。また,**ジークムント・バウマン**は,『リキッド・モダニティ』において,「近代がもともと持っていた融解作用」という視点をもとに,「ハードウェア型近代」が「ソフトウェア型近代」へと移行していくプロセスを論じる。すなわち,前者が産業革命以降に確立された個人を社会制度や国家に包摂する作用を有していたのに対し,後者へと「融解」していくと,時間や空間,仕事,

共同体などにおいて，個人がそれらの制約と管理から解放されると論じる。[3]

　一方，ギデンズとは逆の立場，すなわち現代を近代の延長ではなくまったく別の時代として捉える立場も存在する。大前研一は『地域国家論』において，グローバル化は近代とは別の時代の幕開けであり，地域主義の台頭は近代の産物である国民国家の弱体化を招きつつあると論じている。また，J.=F. リオタールは『ポスト・モダンの条件——知・社会・言語ゲーム』において，現代がポスト・モダンの段階に入り，近代という大きな物語の終焉，すなわち社会が共有してきた価値観やイデオロギーの支配力の低下を招く点を指摘している。

　以上のように近代をめぐる立場の相違や論争は存在するものの，今日の社会学とグローバル化論をめぐる理論的傾向としては，ギデンズを中心とした前者の立場がもっとも支持を集め，グローバル化時代の文化についてギデンズを援用しながら論じる J. トムリンソンやグローバル化時代における相互連結性の深化を論じる D. ヘルドらの論考にも影響を与えている。

文化の動態性を研究するグローバル化論

　グローバル化がもたらす文化の複雑な動態性は，文化人類学的研究の対象とされ，さまざまな視点が提示されてきた。たとえば N. ガルシア・カンクリーニは，メキシコの観光地ティファナへの人の流入と場の変容がもたらす文化の**異種混交性**について研究を行っている。このような文化の異種混交性に着目する視点は，近代性やその産物としての「ナショナルなもの」や植民地主義を批判的に捉え

---

(3) バウマン, Z. 2010 [2000]，『リキッド・モダニティ』大月書店。

る理論的動向とも関連性を有している。世界に拡大した近代性あるいは植民地主義によって，世界各地で文化や言語の混淆が生じた。今福龍太は『クレオール主義』において，混淆によって生じた新しい言語や文化の混成は，従来の民族や国家などの呪縛からは解放された存在とみることができると論じている。また，ジェイムズ・クリフォードは，『ルーツ』において「旅する文化」の概念を示している。文化人類学者が「旅をして」行うフィールドワークにおいて出会う研究対象者や彼らの文化自体も，「旅をして」おり，彼らの文化を固定的な存在としてではなく流動的なものとみるべきであると指摘している。これらの視点は，今日の文化人類学やカルチュラル・スタディーズにおいて文化をプロセスとして捉え，主体間の相互作用に着目する傾向とも絡みあっている。

　また，グローバル化論は「場」の変容に関する研究にも深いつながりがある。フランスの文化人類学者マルク・オジェの非‐場所論や，A. アパデュライや J. トムリンソンが論じる脱領域化論（De-territorialization）はその例と言えよう。「非‐場所」論は，現代において多国籍的な商業施設，空港，ATMなどの「超近代的な場」が，ローカル性や歴史的な連続性やアイデンティティから乖離した場となっている点で，それらの場における経験は従来と異なる新たな経験や意味を形成していると指摘する。また，脱領域化論は，グローバル化にともなう社会変動のなかで，特定の文化的領域（文化のラベル）に従来付随してきた社会的意味が乖離していく現象を示している。たとえば脱領域化は，国際的な観光地における観光客むけのおみやげのように本来の文化の領域から文化の諸要素が離れる現象にみられる。グローバル化が進展し，行為や場の変容が生じるなかで，これらの理論は重要な概念となっている。

トランスナショナリズム論

　グローバル化が人やモノ，情報や資本，イデオロギーなど，さまざまな流動が生じている状態を示すのに対し，トランスナショナリズムは，越境するプロセスと国境を越えた関係性そのものを指す。トランスナショナリズム論は，グローバル化にともなって生じている文化的流動性や相互作用を理論的に考察する際に有用である。トランスナショナリズム論をグローバル化の理論的解釈に導入している研究者として，A. アパデュライが挙げられる。アパデュライは，「下からのグローバル化」においてトランスナショナルな連帯が拡大している点を指摘し，「**ディアスポリックな公的領域**」が生じていると論じる。すなわち近代とは公的領域（例：家庭外，職場）と私的領域（例：家庭）の区分が生じ，それぞれの領域に男性／女性，大人／子どもの割り当てや役割が与えられていく時代であった。しかし，グローバル化が進展するなかで，国民国家という枠組みから離れる領域に新たな公的領域（「シンボリックな公的領域」）が生じ，それは国境を越えた社会運動やイデオロギーの広がりや NGO などの草の根型の越境事象の進展（「下からのグローバル化」）によって拡大している点を示している。

　また，アパデュライは，トランスナショナルな連帯や移動が生じる状況について，「想像力によって人びとは移住の意思決定を行い，国家暴力に抵抗し，社会問題の是正を求め，市民団体の新しいかたちや国境をも超える連帯を策定する」と述べる。つまり，今日の個人の越境的移動や連帯にみられるトランスナショナリズムにおいて，「想像力」がもたらす作用について強調している。

---

(4) 筆者訳。Appadurai, A., 2001, "Grassroots Globalization and the Research Imagination," A. Appadurai ed., *Globalization*, Durham: Duke University Press, p. 6.

トランスナショナリズムは，グローバル化のもっとも可視的な現象である移民の研究や，文化的流れとして人びとの日常的生活に影響を及ぼすポピュラー文化の研究において，特にその有用性が見出されている。たとえば移民研究において，N.グリック・シラーらはトランスナショナリズムについて，「移民が日常生活上の活動や社会・経済・政治的関係性を通して国境を越えた社会的領域を構築するプロセス」と位置づけ，単に国境を超える過程のみならず，越境的に構築される多元的関係性の構築・維持をも含む概念として理論化を行っている。この視点は，移民研究において，社会的ネットワークの分析に導入され，国境を超えるネットワークの構築に対する理論的解釈に用いられたり，移民のアイデンティティ研究において**多元的帰属**の考察に導入されたりしている。また，同概念はポピュラー文化の越境に関しても広く導入されている。たとえば，**岩渕功一**は，『トランスナショナル・ジャパン』において，アジアにおける日本や他のアジア諸国のポピュラー文化の越境現象の考察を行い，アジアという国を超えたトランスナショナルな空間が出現している点を指摘している。また，日本およびアジアのTVドラマなどのポピュラー文化が相互に浸透するなかで，日本とアジアの関係性について考察している(5)。

　一方，トランスナショナリズムが国境をまたぐ関係性についての理論的枠組みとして多用される傾向を批判的にみる視点も存在する。たとえば，オーストラリアの社会学者ズラトコ・スカービスはグローバル化論の流行のなかで出てきたトランスナショナリズム的な視点自体は，実は移民研究の古典『ヨーロッパとアメリカにおけるポーランド農民』（トーマス＆ズナニエツキ著，1918-20年出版）にお

---

(5) 岩渕功一，2001，『トランスナショナル・ジャパン』岩波書店。岩渕功一編，2007，『文化の対話力』日本経済新聞出版社など。

いて，すでに体系的に用いられていたと指摘している。また，移民の**多元的帰属意識**や多元的アイデンティティを強調する研究が流行するなかで，長期的に移民の越境的関係性は同化プロセスに吸収されていくとの指摘（例：キビストやブルーベイカーの研究）や，出身地との越境的関係性はエスニック・グループによって大きな差があるとの指摘（例：オフラハーティーらの研究）も，理論の乱用に対する反論とも捉えられる。

Discussion　ディスカッションテーマ

①今日の社会学や文化人類学がグローバル化についてどのような見方を行っているか，説明しなさい。
②A. アパデュライの5つのスケープ論について，それぞれ具体例を挙げなさい。
③トランスナショナリズム概念について自分の言葉で説明しなさい。

さらに勉強したい学生のための読書案内

大谷裕文編『文化のグローカリゼーションを読み解く』弦書房，2008。
グローバル化時代における均質化と異質化や複雑な文化的相互作用について，ポピュラー文化，伝統，移民までさまざまな現実の事例を分析しながら論じている本。

バートベック，S.『トランスナショナリズム』（水上徹男ほか訳）日本評論社，2014［2009］。
トランスナショナリズム概念を深く学べる本。冒頭でその概念について整理したうえで，トランスナショナリズムの理論的影響について，社会・文化，政治，経済，宗教など各種専門論文の引用を交えながら論じる本。

第16章
グローバル化時代の移住・移民
―― かつての移住・移民と何が違うのか？

移住形態の変化

　グローバル化が進展した現在，留学，ワーキングホリデー，ビジネスからロングステイやリタイアメントまでさまざまなかたちで，海外に暮らすことが可能になり，国境を越える人間の移動は増加している。

　過去の移民の大半は，経済，政治，宗教などの理由が**プッシュ要因**として作用するかたちで，海外に渡っていた。たとえば，19世紀中頃のアイルランドにおけるジャガイモ飢饉と呼ばれた大飢饉によるアイルランド系移民の北米やオーストラリアへの移住，ナチスドイツ期の亡命者の移出，インド分裂およびパキスタン建国時のヒンドゥー教徒・イスラーム教徒の移動など，いずれも母国のプッシュ要因と移住先の**プル要因**（例：雇用機会，高賃金，政治的自由など）が作用して，人口移動をもたらしていた。

　グローバル化が進展した現代の移民は，依然として上記の社会経済的なプッシュ・プル理論が当てはまる事例も存在する一方で，主に**中間層**（ミドルクラス）の国際移動において，複雑性が増している。なかでも顕著な特徴として，経済的には移住する必然性がないにもかかわらず，教育環境や住環境あるいは自分らしい生き方など，広義のライフスタイルを求めて移住を行う動きが顕在化していることが挙げられる。この中間層における新しい移住のかたちについて，**ライフスタイル移住**という用語が欧米の社会学および地理学において使われるよう

になっている。ミケイラ・ベンソンは「経済的理由や仕事や政治的理由など伝統的に主流であった移住理由以外の，より広範な意味での生活の質を求めての移住[1]」と定義している。

　また，過去と現代の移民を比較するときに，現代的な現象として挙げられるのが，**移住の前段階としての滞在経験**である。過去の移民は，親戚や知人の成功事例を伝え聞いての移住や，特に日本人女性の移住に関しては「写真花嫁」と呼ばれる手紙上で行うお見合いなど，滞在経験がない地域への移住が一般的であった。それに対し，現代の移民の多くは，留学，観光，ビジネスでの駐在などの滞在経験が結果的に移住につながる例が非常に多い。また，過去も現代もいわゆる仲介業者は存在するものの，今日は移民がインターネットなどを駆使して，自分で情報取集を行えるようになった点で大きく異なる。

　現代の移民は，**移住の多様化**に特徴がみられ，移住の概念自体の曖昧化と，移住形態の多様化という2つの側面がある。今日の「移住」は，永住ビザを前提としていない例が多い。ロングステイ，リタイアメント移住，ワーキングホリデーのように，移住者と旅行者，移住者と長期滞在者の区別が曖昧なものとなっている。このため，「移住」や「移民」の概念は，英語の「migration（移動）」という概念を基盤にした「移動し，移動先に暮らす者」という幅広い概念で捉えられる傾向にある。

　また，多様化した中間層の海外移動を捉えるうえで，さまざまな用語が移民研究において使用されている。たとえば，加藤恵津子は『「自分探し」の移民たち』にて，カナダ・バンクーバーに滞在する

---

(1) 筆者訳。Benson, M., 2009, "A Desire for Difference: British Lifestyle Migration to Southwest France," M. Benson and K. O'Reilly eds., *Lifestyle Migration: Expectation, Aspirations and Experiences,* Farnham: Ashgate, p. 213.

日本人の若者を調査し、「自分探し」「国際的に活躍」「英語を使う仕事」など、必ずしも経済的必然性をともなわない要素が彼らを「海外」に向かわせる推進力となっている点を指摘している。また、藤田結子は『文化移民』において、アートやポピュラー文化にかかわる活動のためにニューヨークやロンドンに滞在する日本人の若者のエスノグラフィーを通して、彼らが海外に渡った過程や、海外生活のなかでのナショナル・アイデンティティの変化・回帰について考察している。これらの他にも「ロングステイ」「外こもり」「親子留学」など、多様な視点から研究が行われている。

　日本の場合、中間層の国際移動において、**移民の女性化**は顕著な傾向となっている。これは、留学やワーキングホリデーにおいて女性が約7割を占め、これらの海外滞在が国際結婚につながるケースが高いことが要因である。また、20歳代の女性は同世代の男性よりも相対的にライフコースの選択が柔軟であり、労働市場においても男性よりも女性のほうが流動性が高い。加藤恵津子は、日本人移民の女性化が進展している背景として、「就職」と「結婚」についても以下のように考察している。日本社会において「就職」は、一人前の「大人」になるための唯一の達成手段となっており、今日では「結婚」が大人の指標として絶対的な価値をもたなくなっている。そのため、仕事を自身の人間性と同一視する日本人の傾向が、自分探しの海外渡航の要因となっている。また、K. ケルスキーは、日本人女性の西洋に対する「憧れ」と「国際人（Internationalist）」という言説やイメージが構築された過程を考察し、それらが西洋社会および白人男性とのロマンスへとつながっている点を指摘している。[2]

---

(2) Kelsky, K. 2001, *Women on the Verge: Japanese Women, Western Dreams,* Durham and London: Duke University Press.

国家による移民の位置づけ

　今日の移民を見てみると，移民自体の社会階層が労働者層から中間層まで多様であるのに加え，受け入れ国側も移民を新しいかたちで捉えるようになっている。過去の移民の国際移動に広く共通する点は，移民が社会階層上の底辺層を担い，国家としても彼らを自国の労働者層に吸収し，最終的に統合・同化することを期待していた。しかし，今日移民国家と呼ばれる国のなかには，自国の労働市場に足りない技術や人材を補完するための「手段」として移民を位置づけ，いわゆる**高度人材**の受け入れに積極的な姿勢をとる国も多い。たとえば，オーストラリアでは1970年代に白豪主義を撤廃して**多文化主義**を導入するなかで，**ポイント制**と呼ばれる制度を導入した。これは労働市場で不足している職種ほどポイントを高く設定したうえで，年齢や英語力などのポイントと合算して，一定点以上の人材に永住権を与える制度である。この制度によって，オーストラリアは移民を人種ではなく技術によって選択的に受け入れるようになった。このように，国家を富ませる手段として移民を明確に位置づけている国は，オーストラリアの他にもニュージーランドやカナダなどが挙げられる。

エスニック・コミュニティの変化

　移住後に移民は，言語，居住地選択，雇用機会などさまざまなかたちで，現実的な苦労を経験するため，同じエスニック集団で助けあう形態が一般的である。チャイナタウンやリトルトーキョーにみられるように，かつての移民は地理的に人口が集中する地区を形成し，日本人会などの組織，学校，教会などの**社会資本**の蓄積によって，自分たちおよびニューカマーの生活を多面的に助けあった。それは組織型のエスニック・コミュニティとして捉えることができる。

ネットワーク型のエスニック・コミュニティの事例　オーストラリアにおける日本人育児グループ

　しかし，そのエスニック・コミュニティのモデルも，グローバル化時代の今日，さまざまな変容が生じている。第一に，エスニック・コミュニティ内部の**重層性**の増加を挙げることができる。過去の移民は同一の社会階層が移動する例が多かったが，今日は同じエスニック・コミュニティ内でも社会階層や世代に多様性がみられ，その結果，一枚岩とは言えないエスニック・コミュニティが増加している。アメリカの日系人社会のように時間軸の長い移民社会の場合，特にその重層性は複雑化する。第二に，エスニック・コミュニティの変化として，**組織型からネットワーク型への変容**を挙げることができる。かつての移民は新聞の回し読みや生活情報の共有など，さまざまな目的でエスニック組織が中心的な役割を果たしていた。しかし，インターネットが普及した現在，中間層の移民のあいだでは，組織よりも個人レベルのネットワークを重視する動きがみられるようになっている。たとえば，オーストラリアの日本人社会においては，日本人が通う週末日本学校などの学校組織に関連したものを除き，従来型のエスニック組織は会員数を減少させている。その

一方で,育児グループなどの自主参加型のネットワークは,草の根状にその規模を拡大させている。これらはエスニック・コミュニティの脱領域化,すなわち「コミュニティ」という社会的領域に付随していた要素が乖離していく現象として捉えられる。これらの動向は,今後の移民社会を見るうえで,重要な動きと言えよう。

移民研究の新たな動き

今日の移民研究において注目されている理論的概念として,コスモポリタニズムやディアスポラが挙げられる。移民の自己認識に関する研究は,文化人類学から心理学までさまざまな領域で研究され,これまで2～3世でのアイデンティティの変容,自己肯定感(セルフ・エスティーム)などの考察がなされてきた。近年の動向としては,カルチュラル・スタディーズとポストコロニアル理論の流行の影響がみられる。その例として,居住地以外に祖国をもつディアスポラの**アイデンティティの流動性や動態性**に着目する研究(S. ホールなど)や,移民が出身社会と移住先社会の双方に帰属すること(多元的帰属)にトランスナショナリズム概念を応用する研究,**コスモポリタニズム**の概念を移民研究に持ち込み,国民国家という近代の産物から解放された存在として,あるいはそれから逃れられない存在として移民を捉える研究などが挙げられる。

Discussion ディスカッションテーマ

①過去と現在の移民の違いについて自分の言葉で説明しなさい。
②少子高齢化にともない,日本の生産年齢人口は今日の7500万人から2040年には6000万人ほどに減少するといわれている。日本はオーストラリア型のポイント制で移民を受け入れるべきか,意見を出しあいなさい。

さらに勉強したい学生のための読書案内

加藤恵津子『「自分探し」の移民たち——カナダ・バンクーバー,さまよう日本の若者』彩流社,2009。
カナダのバンクーバーに留学やワーキングホリデーなどで滞在する日本人の若者が,「海外」,「仕事」,「自己実現」をどのように捉え,海外に渡っているのかという点について,綿密なインタビュー調査から論じる本。

藤田結子『文化移民——越境する日本の若者とメディア』新曜社,2008。
ニューヨークやロンドンに居住する日本人の若者について,メディアから得る想像,日本人にとっての西洋や白人性,心に描かれる故郷の概念などを中心に,インタビューと参与観察をもとに考察する本。

第17章
越境するメディアとポピュラー文化
―― 文化商品の越境から見えるもの

タイにおける現況から

　1990年代半ばまで,タイにおける日本の文化商品で代表的なものは「ドラえもん」や「一休さん」といったアニメ作品であった。もちろん,今でもこれらの作品の知名度は高い。しかしながら,現状は,日本国内で流行している作品がタイムラグなしで流通し,以前とは比較できないほどに多様化している。また,アニメやマンガ作品の流通だけではなく,コスプレなどの受容もみられ,コンテンツの多様化も同時に進行している。バンコクの中心部で,コスプレイヤーのイベントを目にすることは,それほど珍しいことではない。

　また,「日本食」に焦点を当ててみると,アニメと同様に,1990年代中頃まで日本食のタイにおける展開は限定的であった。店舗の立地面では,一部の外国人(日本人)が多く利用するホテルに集中していた。提供されている料理面でも,寿司・天ぷらといったステレオタイプな日本食が中心であった。しかし,現在ではこの状況から大きく変貌している。それは,三つの傾向に分けられよう。一点目は,地理的拡大である。都市内部の限定的な空間だけではなく,地方都市の市場といったローカル空間においても日本食を扱う店を目にすることができる。二点目は,多様化である。かつて,限定的であったメニューは,多様化している。たとえばラーメンを例に挙げると,「博多ラーメン」「仙台赤味噌ラーメン」といったいわゆる「ご当地」のものが入ってきており,その選択肢は確実に多くなっ

バンコクのショッピングモールの中の日本食チェーン　次々と建設されるモールの中には，日本食チェーンの店舗が並び，その種類，内容ともに多岐に渡っている。

ている。三点目は，差異化である。地方レベルまで店舗が展開され，かつチェーン展開されることは，大衆化とほぼ同義であり，実際にタイの高校生がラーメンを食している姿を見るのは珍しいことではない。その一方で，差異化を求める方向性も同時に進行している。たとえば，日本のさらなるローカルな「ご当地グルメ」を求める動きや，大衆化とは対照的に立地や雰囲気で付加価値をつけた高級化という動きがある。これらはまさしく，新たな消費空間が立ち上がっていることも意味していると言えよう。

　ここまで，タイにおける状況を事例として示したが，このような現象は，タイという一地域に限定されたものではなく世界中で生じている。グローバリゼーション状況下における越境活動は，かつてないほど容易で活発なものになっており，その一つの格好の事例が「**文化商品の越境**」である。そして，この現象は，グローバリゼーション状況下における文化に関して多くの示唆を与えてくれる。

越境とその相互作用

　グローバリゼーションの進展が顕著になった1990年代前半，特にアメリカ資本によるポピュラー文化のグローバルな展開によって

世界中の文化やライフスタイルは画一化し，文化的影響力の強い側の社会・文化が弱い側の文化を衰退させる，という「**文化帝国主義論**」が主張された。その背景には，資本と政治力を有したアメリカの文化・ライフスタイルがグローバリゼーションの進展とともに拡散し，世界中のローカルの文化を飲み込んでしまうという危惧があった。事実，マクドナルドなどのファストフードやコカ・コーラといった飲料は，かつて冷戦時代に敵対していた地域にも広がりを見せていた。これらは，アメリカの象徴として，アメリカの覇権に反対する人びとによる批判の標的にもなった[1]。

　しかしながら，この文化帝国主義論は少々単純すぎる見解であった。それは中心がアメリカであることを前提とし，アメリカからの一方向のプロセスを想定していたからである。現実の状況は，日本や韓国などアジアの国々のポピュラー文化が世界に広まりを見せているように，一方向のプロセスではなく，むしろ多方向で複数の「中心」があるようなプロセスである。先に挙げた日本のアニメや日本食の展開も，世界に拡散し，受容され，定着している。

　また，アメリカの文化商品が拡散した結果，ローカルな文化が駆逐されていくのではなく，むしろその力を**流用＝奪用**し（appropriation），**分節・節合**（articulation）する実践（第12章参照）が多くみられる。その事例の一つが，ヒップホップミュージックであろう。アメリカのサブカルチャーの一つであったこの音楽は，アメリカという枠を越えてきた。1990年代にグローバル規模で商業的にもっとも成功した音楽ジャンルとまで言われるようになった。単にアメリカのヒップホップが流通を拡大させていっただけではなく，各地に「ローカル」のヒップホップを生み出す契機となった。トニー・

---

[1] たとえば，フランスでも自国の食文化が失われるという考えのもと，特にマクドナルドが排斥の対象となった。

ミッチェルは「グローバル・ノイズ (global noise)」と表現し,そこにはローカルの要素を盛り込まれた「ハイブリッド」の音楽が生成していると論じた[(2)]。もちろん,アジア諸国にもこの「波」は押し寄せ,日本でもタイでも,ローカル規模でのヒップホップの生産が盛んになった。そこで生産される音楽のコンテンツに関しては,ローカルの要素が入り込んだものであり,アメリカのヒップホップの形態を流用した**文化生産**がみられる。

　ローカル規模で生産された文化が,今度はローカル規模にとどまらずグローバルに展開していくプロセスを取ることもある。つまり,グローバリゼーションと**ローカリゼーション**(localization:現地化)は断絶したものではなく,絡みあいつつ展開している。これを「**グローカリゼーション**(glocalization)」として指摘したのがローランド・ロバートソンである。そもそもロバートソンは,企業活動を前提としていたが,文化に関しても適用されるようになった。その典型例は,ファストフードにみることができる。ハンバーガーといえば,ほとんどの人がアメリカを連想することであろう。しかしながら,「テリヤキバーガー」といえばどうであろうか。テリヤキバーガーは,もともとのアメリカの「食文化」として存在していたものではない。1970年代に,アメリカからマクドナルドが日本に進出したことがきっかけで,ハンバーガーが日本に広まっていった。その後,日本資本のハンバーガーチェーンも生まれ,展開するなかで,照り焼きとハンバーガーを組みあわせた「テリヤキバーガー」が生まれた。その後,マクドナルドでも売られるようになり,かつ国境を越え,海外でも販売されるようになったのである[(3)]。

---

(2) Mitchell, T., 2002, *Global Noise: Rap and Hip Hop Outside the USA*, Middletown: Wesleyan University Press.
(3) たとえばタイでは,「Samurai Pork Burger」という名称で販売されている。

同時代性，脱領土化，再領土化

　冒頭に挙げたタイの事例でも触れているが，グローバリゼーション状況下における一つの特徴が「**同時代性**」である。越境のスピード自体が加速し，タイムラグが生じなくなり，特に都市部の光景は一種の「**グローバル・フォーマット**」とでもいうべきものに変貌している。そこでのライフスタイルもまたグローバルな共時性を有しているように思える。バンコクでも東京でも上海でも，表面上はそれほど変わらない空間が広がっているのである。このようなグローバリゼーションの展開のなかで，文化の国籍自体が脱構築されるという見解が示された。これをガルシア・カンクリーニは「脱領土化」と呼んだ。[4]

　このような状況下，人の越境と交流が増大するだけでなく，文化の越境と展開も増大すれば，同じ文化を消費し，同時代性を有したライフスタイルが形成され，既存のネーションの枠を乗り越えることができると捉えられることもあった。たとえば，日本の文化商品の越境が顕著になった1990年代から2000年代の前半にかけて，共通の文化的プラットホームを有した日中韓の新しい世代が，共通の価値観をもって，過去を乗り越えることができるといった期待感が高まった。[5]

　しかしながら，このような「脱領土化」の展開が生じている一方，いわば，「文化の再領土化」や「文化的領土の（再）確認」と言える現象も，同時に顕著になっている。さらには，国境を越える自文

---

(4) ガルシア・カンクリーニは，文化本質主義批判を展開するなかで，「文化と地理的・社会的領土との自然な関係の消滅」と指摘し，文化の「脱領土化」という概念を打ち出した。なお訳語としては，脱領域化という訳もある。
(5) 特に韓国との関係においては，1998年以降の韓国における日本の大衆文化の解禁，2002年のサッカー・ワールドカップの共同開催といったものが挙げられる。

化の展開を誇らしく思い,自文化の称揚につなげる動きも出ている。岩渕功一は『文化の対話力』(2007年)において,このような展開を「ブランド・ナショナリズム」と表現している。このような状況のなかで,文化商品は「ソフト・パワー」戦略の一つの根幹として,外交戦略の一つとしても注視されている。それほど,文化の「重要性」が高まっている。ただし,ここで指摘しておきたいのは,このようなソフト・パワー戦略が,外に向けてではなく,内にも向かっている点である。つまり,自国の文化が,海外で受け入れられ,人気を得ているという情報がメディアを通して得られることで,自文化や自国に対する誇りを再確認するような現象が生じているのである。たとえば,筆者が大学の講義で課すレポートでも,「日本の文化が海外で受容され,誇らしく感じる」というような内容や意見が増えている。そして,このような意識が,競争,偏狭なナショナリズム,自文化中心主義,そして排除といった,コスモポリタン的な思想と逆のものへとつながっているようにもみえる。このような傾向は日本だけではなく,「韓流」が拡大していった韓国でも,同じように見ることができる。ナショナルへの回帰を帯びた言説の強調が,かつての「伝統文化」だけではなく,越境する文化商品の領域でも生じてきたのである。

Discussion　ディスカッションテーマ

①文化商品の越境は,多くの分野で顕著なものとなっている。そこで,特定の地域の特定のコンテンツを例に挙げ,その越境過程だけではなく,背景・要因も含めて考察しなさい。
②日本文化の越境の事例を一つ挙げ,本章の最後の節の観点から考察しなさい。

さらに勉強したい学生のための読書案内

コンドリー, I.『日本のヒップホップ——文化グローバリゼーションの〈現場〉』（上野俊哉監訳）NTT出版, 2009。
アメリカ出身の文化人類学者が, フィールドワークを元に, 日本語とラップの関係性, 音楽業界とのかかわりなどを中心に, 日本のヒップホップ状況の形成と発展を描き出している。

岩渕功一『文化の対話力——ソフト・パワーとブランド・ナショナリズムを越えて』日本経済新聞出版社, 2007。
グローバリゼーション状況下における, 文化の越境に潜む問題を, クール・ジャパンの進展, メディア文化における外国人の表象といった観点から, クリティカルに論じている。

第18章
文化とアイデンティティの政治
―― 文化的アイデンティティの「本質化」とその「攪乱」

文化とアイデンティティ

　本書第1章では,主として人類学の視点から文化についての概念が整理された。文化は,「慣習」という形式で,目に見える儀礼だけでなく行動規範や道徳感情といった目に見えないものも定めている。私たちがどのような集団に帰属しているのか,集団のなかで個々の属性に応じてどのような役割や立場を与えられているのかを決定するものだといえよう。このことは,特定の文化集団のなかで価値づけされた意味体系を通して,私たちは自己言及的にアイデンティティ確認を実践していると言い換えることもできる。また,異なる文化との接触において,自身の文化集団のなかで共有される価値を通し,他の文化集団の価値とのあいだに差異化,あるいは卓越化を見出し,自身が属する集団とそこから見出すことのできる自分の役割(自己アイデンティティ)を確認できる。

　かつての本質主義や文化相対主義のように,地理的に固有の自立した文化が想定されていた時代があった。しかし,人・もの・情報が地球規模でめまぐるしく交差する21世紀の現代社会では,文化は他の文化との絶え間ない接触・交流・衝突・異種混交を経験している。**スチュアート・ホールやポール・ドゥ・ゲイ**らが論じたように,文化相対主義の視点に加え,それぞれの文化の交流や相互作用への関心,そしてそこから生み出された非対称性や不均衡な権力関係に注目し,文化と自己アイデンティティに関する私たちの考え方

を，より広範囲な社会のなかで捉え，批判的に考察する必要性が増している。

こうした文化に生じているダイナミズムと不均衡な関係性は，文化がグローバルな経済や政治関係と分かちがたく結びついていることにも気づかせてくれる（第2部で取り上げられたさまざまなトピックを思い出してみよう）。文化を通して「わたし」，すなわち自己アイデンティティについて語ろうとする行為は，自己を取り巻く社会的状況を明らかにしようとする政治的な実践として読み解かれなければならない。そこで本章では，文化を通して自己アイデンティティについて語る，あるいは「語り直す」という行為を，ポストコロニアル理論（第11章参照）やカルチュラル・スタディーズ（第12章参照）の文脈における政治的実践，いわば「**アイデンティティの政治（アイデンティティ・ポリティクス）**」として考察する。

文化とアイデンティティ──文化資本

文化とは，ある特定の集団に共有された意味体系である。文化を共有しない人や，他の文化集団にとって，同じものを見てもそれは異なるものに見えることもあれば，同じ場所で同じ体験をしても，その受け止め方はまったく異なるかもしれない。そして，同じ行為であっても，それぞれの文化によって，それが正しいことなのか，間違っていることなのか（空気を読んで行動できているか）という価値判断はまったく異なる。つまり，文化とは，それに属する集団に一定の決められた「空気の読み方」を提供している。この意味において，文化は特定の「価値体系」だとみなされる。私たちは，こう

---

(1) ホール, S., ドゥ・ゲイ, P.編, 2001 [1996],『カルチュラル・アイデンティティの諸問題──誰がアイデンティティを必要とするのか？』（柿沼敏江ほか訳）大村書店。

した特定の文化を参照し，その文化の内部の人だけではなく，その文化の外部の人の行動を判断したり，自分自身の振る舞い方を自然に身につけて，行動したりする。

このような特定の文化の価値規範が，社会における人間関係の序列あるいは社会階級をどのように位置づけ，そのうえで社会で序列化された集団関係（あるいは社会関係）の再生産にどのように寄与しているかを考えるうえで重要なのが，フランスの社会学者**ピエール・ブルデュー**による「**文化資本**（cultural capital）」の概念であり，文化資本が**身体化**されたものとしての**ハビトゥス**である（第2章参照）。

アイデンティティ・ポリティクス
―― 異議申し立てのための文化的戦略

文化資本の概念では，社会には特定の階層が存在するだけではなく，個々の階層がそれぞれに独自の文化的価値規範を有していると捉える。それぞれの階層集団に帰属している個人は，その階層に見合った文化的価値規範を特定の趣向に沿った日常行動や娯楽の消費を促す「好み」として，生活習慣や慣習を通して次世代に継承する。特定の価値規範に沿った行動，すなわちハビトゥスは，ここにおいて社会階層の再生産に寄与する。しかし，この点は，みずからの日常行動や慣習の様式によって，その個人がどの社会階層に属するのかを示すものでもある。その一方で，階層化された不均衡な関係性に対し文化の視点からの**異議申し立て**を行うような可能性はどこにあるのか，という問いが生まれる。

文化資本と社会階層へのこのような視点は，グローバル化する社会において文化集団の多様性が拡大するなかで，そこに生まれる偏見や差別構造を批判的に考察するための手がかりとなる[2]。そこでは，多様な背景とアイデンティティをもっているはずの人びとが，特定

の文化，たとえば「エスニシティ」というある特定の文化資本を共有しているとみなされた結果，特定の階層，とりわけ「マイノリティ」として否応なしに社会の階層構造に編入されることになる。また，移民社会においては，家庭や集団内で使用する言語や信仰や生活習慣など，それぞれの移民における身体化された文化（いわばハビトゥス）が，移住先の現地社会でのマジョリティの文化資本と優劣を設けられるようにして，マイノリティに固有の文化資本として周辺化される（いわば「エスニック」であるとみなされる）。

　移民社会における現地育ちの次世代は，教育や経済的成功による資本の蓄積によって自身の帰属する社会階層集団を上昇していくとしても，「マイノリティ」とみなされている文化資本の継承によって社会における偏見や差別のまなざしから逃れられないという「**二重意識**（double consciousness）[3]」に直面することも少なくはない。あるいは，彼ら／彼女ら自身が親世代から継承した文化資本を積極的に自己の文化的アイデンティティのよりどころとすることで，逆説的に社会からの疎外感を抱え込んでしまうという，また別の二重意識と向きあわざるを得ないこともある。

　このように，文化資本を社会階層との関係性で捉えるとき，社会階層の下位集団にとってみずからの文化資本を継承し，再生産し自己アイデンティティの拠りどころとすることは，それが積極的／消極的な行為であるか否かを問わず，帰属する社会の構造的な権力関係に基づいて周辺化される結果をもたらす。その極端なかたちとしての「**文化的レイシズム**（文化的差異による差別の正当化）[4]」の問題は，世界各国の多文化社会のみならず，今日の日本でもたびたび大きな

---

(2) 宮島喬，1995，「エスニシティと文化——文化変容と再生産」宮島喬編，『文化の社会学——実践と再生産のメカニズム』有信堂高文社，pp. 124-141。
(3) デュボイス，W. E. B., 1965 [1903]，『黒人のたましい——エッセイとスケッチ』（木島始ほか訳）未来社。

社会問題を起こしている。

抵抗する文化的アイデンティティ
―― 非決定性のアイデンティティ・ポリティクス

しかし，周辺化された文化的アイデンティティを戦略的に自己の中核とみなしていくことは，文化資本に基づき再生産されつづける差別構造の攪乱を呼び起こす可能性を秘めた政治的実践にもなりうる。文化的実践を介した政治については，第11章のポストコロニアル理論や，第12章のカルチュラル・スタディーズでもその戦略的側面を紹介したが，ここでもまた別の角度から論じてみよう。

哲学・文学・精神分析学などを横断的に扱い，セクシュアリティについての鋭い批判理論を構築してきたジュディス・バトラーは，著書『ジェンダー・トラブル』や，その続編である『問題なのは身体だ (*Bodies That Matter*)』で，文化的アイデンティティとしてのジェンダー (gender) と，身体的差異であるセックス (sex) という二分法が，近代社会の知識体系のなかでどのように構築されてきたかを分析した。歴史家・思想家であるミッシェル・フーコーによる『性の歴史』のセクシュアリティへの系譜学的研究を参照し，性の本質化は社会の権力機構において構築された概念であると論じた。そして，従来の科学的言説によって本質化された性差が生み出す権力関係そのものを批判すべく，セクシュアリティの非決定性に踏み込んだ。

---

(4) バリバール，E. 1997 [1991]，「「新人種差別」は存在するか」バリバール，E.，ウォーラーステイン，I. 編，『人種・国民・階級――揺らぐアイデンティティ』(須田文明訳) 大村書店，pp. 31-50。

(5) バトラー，J., 1999 [1990]，『ジェンダー・トラブル――フェミニズムとアイデンティティの攪乱』(竹村和子訳) 青土社。および Butler, J., 1993, *Bodies That Matter: On the Discursive Limits of "Sex,"* London and New York: Routledge.

ここでバトラーは「脱構築（deconstruction）」とよばれる理論的戦略を採っている。この理論では，正しい／間違いといった二項対立について，その枠組み自体を問題視する（第11章参照）。すなわち，セクシュアリティについて，文化的（ジェンダー）／本質的（セックス）の定義に対して異議を唱える。本質化された男女の身体的区別について，現代の生殖科学という一種文化的な概念により定められたものであるために，そもそも私たちは男女の性差を本質的に区別することは可能かと問うのである。そこからバトラーは「**パフォーマティビティ**（performativity）」という概念により，私たちの性差とは本質的にではなく，社会的に承認された性別役割に基づき「女らしく」／「男らしく」振る舞うことによって，それが本質的であるかのように見えている点を指摘する。

　このバトラーの批判は，「女らしさ」「男らしさ」が社会的かつ文化的に作られたものであるために，それに対して抵抗する，という戦略ではないという点で独創的である。もともと本質的ではない「女らしさ」「男らしさ」とは，何度も繰り返す（パフォーマンスする）うちに，いつのまにかその基準からずれてしまう可能性がある，という点をバトラーは強調している。たとえば，近年テレビなどで目にすることも増えてきた男性による徹底した「女装」が，わたしたちにとって「男らしさ」と「女らしさ」の境界をかえってたじろがせてはいないだろうか。「与えられた＝他者化された」アイデンティティへの直接的な抵抗や拒否ではなく，その徹底した反復により本質とみなされた内容がいつのまにか「ずれ」を引き起こすことに，彼女の理論の批判力がある。このように，特定の文化的アイデンティティが，実は非決定的であるという点を強調することで，実際にどのような社会的権力によってそれらが事実上本質化されてい

---

(6) フーコー，M., 1986［1976］,『性の歴史』（渡辺守章訳）新潮社。

るのか，その結果どのような不平等な関係が正当化されているのかを捉え直すのである。

このような「非決定性」にゆだねるアイデンティティ・ポリティクスは，「戦略的本質主義」（第14章参照）と表裏一体をなすことに注目したい。戦略的本質主義においても，その「戦略的」な目的は他者化された（すなわちマイノリティ化された）アイデンティティを意図的に本質化させることで，当事者に押しつけられた矛盾や，その差別の本質化＝正当化を維持する権力関係をあらわにする戦略である。いずれにしても，究極的には，私たちが「本質的」であるとみなし，特定の権力関係から社会的マイノリティに「押しつけられた」，文化的なアイデンティティを攪乱させるとともに，それを再生産する社会の権力関係を明るみに出す実践である。

政治的実践としての文化的アイデンティティ

文化的アイデンティティの「本質性」をめぐる実践は，きわめて政治的な実践として理解されなければならない。それは，社会での特定の政治・経済などに由来する権力関係の結節点である。他者の本質化は，植民地時代から現代のグローバルな社会に至るまで一貫して，社会的少数派集団を本質化し，周辺化し，差別化するための政治的なメカニズムとして機能している。他方，社会的少数派集団にとって，戦略的本質主義は（脱）植民地化の歴史や，資本主義化の抑圧的な社会関係を告発し，みずからの居場所を確保し，自立した社会の一員であるための承認を獲得するための政治的な実践でもある。文化とアイデンティティをめぐる問題は，常にこうした両義性をもつ。

近年のグローバル経済は，その画一的で強大な権力構造によって，特定の土地で歴史的な生活を営み独自の文化体系を維持してきたさまざまな人びとの「居場所」を，単なる資源とみて利用する。世界

を，政治・経済・文化のあらゆる側面で，いっそう抑圧的なものに変化させつつある。国家という政治体制すらも，国民がグローバルな世界システムから周辺化されていくことを目撃しながらもそれに抗うどころか，むしろそれを推し進めるようなネオリベラリズム的な改革に至っている。世界システムのなかで周辺化された国家であれば，それが社会から周辺化されている人びとに与える否定的な影響はなおさらであろう。

　こうしたグローバルな世界システムに対抗するために，世界の各地で，自分たちの文化的アイデンティティを本質化し卓越化することで，みずからの歴史的遺産や文化資源を守るための，さまざまなアイデンティティ・ポリティクスを観察することができる。たとえば，観光人類学者の須永和博によるタイのカレン族の調査にみられるように，自身の文化をエコツーリズムとして展開することで，グローバルな経済資本と交渉していこうとするような試みもある[7]。このような自己の卓越化の試みが「戦略」である限り，それはグローバル社会における多様性と多元性を実現するための実践として，マルチチュードによる「サブ政治」のような，コスモポリタンな連帯につながる可能性も期待できるだろう。

Discussion　ディスカッションテーマ

① 現在，世界で起きている先住民権をめぐる運動の一つを取り上げ，その運動の参加者たちが，どのようなアイデンティティ・ポリティクスを実践しているか考察しなさい。
② 「戦略的本質主義」に依拠するアイデンティティ・ポリティクスから，その「戦略性」が抜け落ちてしまった場合，どのような事態が生じてしまうのか。具体的な事例を挙げて，検証しなさい。

---

(7) 須永和博，2012，『エコツーリズムの民族誌――北タイ山地民カレンの生活世界』春風社。

さらに勉強したい学生のための読書案内

プラマー，K.『セクシュアル・ストーリーの時代——語りのポリティクス』（桜井厚ほか訳）新曜社，1998 [1995]。
セクシュアル・マイノリティが公の場でみずからを語る「声」が，社会的少数派としての承認を得る過程において，どのような社会構造や権力関係がそこに機能したのか。あるいはその逆に，こうした「声」はどのような社会的条件により奪われつづけるのか。社会学における「シンボリック相互行為論」を応用し，分析した一冊。

伊藤正子『民族という政治——ベトナム民族分類の歴史と現在』三元社，2008。
国民国家ベトナムでは，1960年代頃から，マジョリティであるベトナム人（キン族）と，その他53の少数民族が「認定」されることとなった。しかし，20世紀に入ると，「独自の文化」を主張する多くの民族集団がその独自性承認のための活動を展開しはじめた。現代の多民族国家における，上（国家）と下（少数民族）両方からのアイデンティティ・ポリティクスのせめぎあいを検証した一冊。

第4部

実践編

Academic Writing
and Research Skills

第19章

レポートの書き方
——論理的に書く手法と引用方法

優秀なレポートとそうでないレポートが分かれるのは，①「書くべき内容を書いているか」，②「論理的に書けているか」，③「文章・レポートのルールを守っているか」の3点である。本章では，レポートや卒論を書くうえで重要な上記3点について説明する。

書くべき内容を書く
——最大のヒントは「レポート指示文」にある

レポートの減点対象としてもっとも多い間違いは，いわゆる「焦点がズレているレポート」や「エッセイ調」のレポートである。「〇〇について説明しなさい」というレポート指示文は，すなわち教員が学生に書くべき内容を「指示」しているのであり，それ以外の内容を書くことや，「体験や感想をもとにしたエッセイ調」あるいは「意見表明の羅列」は，大幅な減点対象となる。

以下の学生レポートの事例を見てみよう。レポート指示文（＝書くべき内容）は，「文化相対主義について講義内容をもとに説明しなさい（1000字）」というものである。事例①は，文化相対主義についての説明を書く前に文化の定義について長々と書いているうちに，焦点が本来のテーマから離れてしまっている。適宜紹介された文献の引用を交えながら，**本論**（＝結論）から先に説明すべきである。

事例②は，エッセイ調あるいは意見表明のレポートの例である。この学生の場合，ホームステイを通した実体験として文化相対主義

の難しさを書いているのだが，エッセイ調の文体の時点で教員に最後まで読んでもらえないことも多い。また，「文化相対主義の説明」を書くよう指示されているレポートで，「説明」ではなく「感想」や「意見」を主に書いている点が大幅な減点対象となる。

　事例③は，「秀」のレポートである。1000字という限られた文字数を考慮して，単刀直入に「結論」から述べている。「問い」に対する「答え（の核心）」を先に述べているレポートは，理論や内容を学生が理解したうえで的確にレポートに取り組んでいることを示せる。またこの学生の場合，講義内容に文化相対主義の概念の説明のみならず「越えられない壁」についての議論があったことを踏まえ，レポート最終部に「意見表明」ではなく文化相対主義の限界に関する「考察」を加えている点も評価される。

〈事例①：焦点がズレているレポートの例〉
　文化相対主義について説明する際に関連するトピックとして文化の概念について考察したい。文化人類学における文化とは，E. タイラーは1871年に出版した著書 *Primitive Culture* において「……（中略）……」と定義している。また C. ギアツ（1987）は『文化の解釈学』において文化を……（中略）……と定義している……（中略）……このように文化の定義は研究者によって様々であり，その多様性は文化を学ぶ際の伝統文化とは何かという問いにもつながり……

〈事例②：「エッセイ調」や「意見表明」のレポートの例〉
　私は高校時代にカナダにホームステイの経験があるのですが，ホストファミリーに「どうして日本人は鯨を食べるの？」と聞かれました。その時私は違う文化を平等に見ることの難しさを感じました。……（中略）……文化相対主義というのは，このように異文化を平等に見る視点として大切だと思います。世界では紛争やテロが絶えませんが，もしもこの文化相対主義を世界中の人が持てば，きっと世界は平和になると思います。

〈事例③:「秀」レポートの例〉
　文化相対主義とは, 異文化に対する平等な姿勢や態度を指し, 文化人類学における基本的な姿勢とされている(竹沢 2007: 213-215)。文化相対主義は, F. ボアズによって……(中略)……以上のような視点はボアズの弟子にも引き継がれ, ……(中略)……
　上記のように異文化研究の基礎的視点・姿勢として重要な文化相対主義だが, 一方で限界もある。それは「異文化」が(我々にとって)倫理的「問題」を持つ場合に異文化に対して文化相対主義は異議を唱える権利を有しないという点である。……

論理的に書く──段落構成とトピックセンテンスの重要性

　論理的に書けているかという採点項目の点数が低いと学生たちは困惑するが, 実はそれ以上に教員側は採点作業に苦慮している。学生たちがレポートで伝えようとしている内容は学生が思っているほど伝わっていないのである。以下には, レポートを論理的に書くために重要な点を3点紹介する。

　第一に, **段落構成**の重要性が挙げられる。段落とは「意味の塊」であり, 多すぎても少なすぎても良くないが, 学生のレポートではワープロでA4サイズ1枚(約1000字)あたり2〜3段落ほどが目安であろう。本やネットで調べながら書くのは避けるべきである。書く前に必ず「議論の流れ」を作ることが重要である。これには, カードにメモ書きしてグループ化を行うKJ法から各種ソフトウェアまでさまざまな手法が存在するが, まずは白紙にレポートで書くべき項目をランダムに手書きで書きだすことを強く勧める。たとえば上記の「文化相対主義の説明」に関するレポートでは, 「定義・概念」「ボアズの貢献」「ボアズの弟子」「学術的意義」「限界」などの項目を並べてみる。その後で, 取捨選択, 順序, そして段落構成を考える。たとえば1000字のレポートで上記5つをそれぞれ段落化すると段落が多くなるので, 「定義・概念」と「ボアズの貢献」

を一つの段落にすべく両者を一つの○で囲む作業を行い,どの段落で何を述べるかを決める。

　第二に,**トピックセンテンス**の重要性が挙げられる。トピックセンテンスとは段落の最初の1文を指し,その段落の結論や議論の柱を示す1文である。トピックセンテンスが効いている文章を書くにはある程度の慣れが必要だが,「**結論が先**」,「**(書き終えた後に) 段落の最初の文だけ読み返す**」,これらの2点を実践するだけで,大幅な改善を図ることができる。前の段落で述べた段落構成を行った後は,その段落の結論・議論の柱を1文にしてみよう。要は読者がその1文を読んだだけで段落の内容を理解できるかがポイントである。たとえば前節の「文化相対主義の説明」のレポートの例では,「文化相対主義とは……である」という文がトピックセンテンスとなることは明白である。このトピックセンテンスの後に,サポートセンテンス,すなわち説明や議論を書いていくのである。そして,ある程度下書きができたら,各段落の最初の1文だけを読んでみてレポートの内容が読者に伝わるようであれば,論理性や論理的構成がある程度確保でき,読者にとっても読みやすい文章であることを意味する。

　第三に,**イントロ**,すなわちレポートの書き出しの段落の重要性を指摘することができる。イントロの段落の役目は,①読者をレポートの焦点に導き,②レポートの構成を示すこと,にあり,優秀なレポートはイントロを読んだだけでわかると言っても過言ではない。800字程度の短いレポートであればイントロの段落は不要だが,A4で2枚以上のレポートならイントロがあったほうが良い。イントロの段落に文量はさほど必要なく,A4で2〜3枚の通常のレポートでは150〜300字,A4で5〜10枚のレポートでは300〜500字が目安であろう。一般的に美しいとされるイントロの段落は,逆三角形のかたち,すなわち一般的な議論からはじまり,論点を絞りつつ読者を論文のテーマに導き,終点は論文の焦点と構成,という

かたちである。むろん，この段落だけは一般的な話から入るため，先に述べたトピックセンテンスのルールからは外れることも多い。下記に示す学生レポートの例は，きれいに逆三角形になっており，読者を論文の焦点と構成に導けていることがわかる。

〈イントロの段落の例：「ゼミ内の自由テーマレポート」で「ナイキの中国におけるブランドイメージ戦略」を選択した学生レポートのイントロの例（約400字）〉

　グローバル化が進展した現代においてスポーツ用品の市場もまた国境という垣根を越えて広がっている。各メーカーともにグローバル化戦略を行い，スポーツ用品の市場は過去20年の間に〇〇円から〇〇円に拡大している[1]。この急激な輸出の増加はアジアの新興国によるところが多く，中国において〇〇％増，タイで〇〇％増，マレーシアで〇〇％増となっている[2]。特にナイキは，……（中略）……。このような背景のもと，本論文ではナイキの新しい市場に対するアプローチを分析し，事例研究として新興国の中でも特に市場が拡大している中国における同社の戦略について考察する。本論文でははじめにナイキが所得格差の大きい中国市場において，あえて高所得者層にターゲットを絞った経緯について論じる。次に，このターゲット層である富裕層に対してどのようにブランドイメージを売り込んだのかというイメージ戦略について考察する。

文章・レポートのルールを守る
―― 引用方法と日本語のルール

　良い内容のレポートでもルール違反は，大幅な減点あるいは最悪の場合，単位を落とすことにもつながる。下記にはなかでも重要な引用スタイルやルール，および日本語のルールについて述べる。

①引用スタイル――括弧スタイルか脚注スタイルか？
　大学のレポートで特段指示がない場合，どちらでもよい。しかし，

一般的傾向として社会学や文化人類学では括弧スタイルが用いられる。レポートや卒論執筆の際はインターネットで「社会学評論スタイルガイド」を検索し，遵守することを推奨する。社会学・人類学以外の領域では，いわゆる脚注スタイルも一般的に用いられている。脚注スタイルについては櫻田大造著『「優」をあげたくなる答案・レポートの作成術』（講談社）を参照するとよい。

〈括弧スタイル：詳細は「社会学評論スタイルガイド」などを参照〉
（文中）間接引用の例：
　　ズラトコ・スカービス（Skrbis 1999）によれば……である。
　　ズラトコ・スカービスによれば……である（Skrbis 1999）。
　　長友（2013: 13）は 90 年代以降の日本社会で立身出世から自己実現への価値転換が生じ，ライフコース選択の柔軟性が増したと論じている。
　　長友は 90 年代以降の日本社会で立身出世から自己実現への価値転換が生じ，ライフコース選択の柔軟性が増したと論じている（長友 2013: 13）。

（文中）直接引用の例：
　　長友（2013: 10）は，ライフスタイル移住者を「……する者」と定義している。
　　長友は，ライフスタイル移住者を「……する者」と定義している（長友 2013: 10）。

（文末）引用文献リストの例：
　　齋藤大輔，2007，「ローカルにおけるグローバル文化の展開――タイにおける事例より」片山隆裕編『アジアから観る・考える――文化人類学入門』ナカニシヤ出版，185-198.
　　長友淳，2013，『日本社会を「逃れる」――オーストラリアへのライフスタイル移住』彩流社.
　　―――，2015，「ライフスタイル移住の概念と先行研究の動向――

移住研究における理論的動向および日本人移民研究の文脈を通して」『国際学研究』4(1): 23-32.

Skrbis, Z. 1999, *Long-distance Nationalism: Diasporas, Homelands and Identities*, Aldershot: Ashgate.

〈剽窃の事例①：間接引用に「参照源」や「引用源」を示していない例〉

誤）先進国社会における消費主義的傾向のアンチテーゼとして新しい価値観が生まれ，それがライフスタイルへの関心や牧歌的生活へのノスタルジアに繋がり，結果的に新しい観光の形の創出につながった。

正）ウィリアムズとホール（Williams and Hall 2000: 10）は，先進国社会における消費主義的傾向のアンチテーゼとして新しい価値観が生まれ，それがライフスタイルへの関心や牧歌的生活へのノスタルジアに繋がり，結果的に新しい観光の形の創出につながったと述べている。

誤）オーストラリアに居住する日本人数は，1996 年には約 24000 人だったが，2004 年には約 5 万人にまで増加した。

正）オーストラリアに居住する日本人数は，1996 年には約 24000 人だったが，2004 年には約 5 万人にまで増加した（外務省 1998, 2004；長友 2013: 14）。

〈剽窃の事例②：自分の言葉と他人の言葉を分けていない例〉

誤）グローバル化が進展した現代では，移住が理想の生き方を享受する現実的手段となり，人々は「自分探し」，「海外への憧れ」，「自己実現」など様々な理由で海外に暮らすようになった。

正）過去と現在の移住の相違点について長友（2013: 10-11）は，「移住が理想の生き方を享受する現実手段」となった点を指摘した上で，現代の中間層が自分探しや海外への憧れなど多様な理由によって移住するようになったと述べている。

正）グローバル化が進展し，現代の中間層は「自分探し」や「自己実現」など様々な理由によって移住するようになり，移住は理想のライフスタイルを実現する手段となりつつある（長友 2013: 10-11）。

②引用方法——剽窃（盗用）を避ける・直接引用と間接引用

　引用方法は慣れないうちは戸惑うことも多いかもしれないが，基本は「自分の言葉と他人の言葉を分ける」という一点に尽きる。すなわち「情報源を適切に示し」，「適切な引用方法で記す」という作業を行う。引用には「**直接引用**」と「**間接引用**」の2種類があり，前者は本や論文の文字通りの引用，後者は内容を引用し文章自体は自分の文章表現に変えるものである。むろん，いずれも引用・参照源を示す必要がある。学生のレポートでは直接引用が多くなりがちだが，直接引用の羅列は読みにくくなってしまうため，直接引用は定義や特徴的な表現を引用する場合のみにとどめ，間接引用を中心に行うことが望ましい。

③日本語のルール

　レポートは他人に見てもらうことを前提とした文書であるため，最低限のルールを守ることは重要である。日本語のチェックはもちろんだが，最近学生レポートで多い減点の例としては，各段落の冒頭を一文字分空けずに書いてしまう例や，段落と段落のあいだに行間を入れてしまう例が挙げられる。これらに加え，提出前に友達や先輩に見てもらい，わかりにくい文章がないか確認することも重要である。

さらに勉強したい学生のための読書案内

櫻田大造『「優」をあげたくなる答案・レポートの作成術』講談社，2008。
レポート作成時に大事な点や引用方法（主に脚注スタイル）について解説。

白井利明・高橋一郎『よくわかる卒論の書き方』ミネルヴァ書房，2012。
卒業論文を書くにあたってのリサーチ計画の立て方からエクセルの使い方や文献の使い方まで細かく述べられている。

第20章
フィールドワークに出よう
―― フィールドノーツ作成法・質的社会調査方法論

質的調査の意義

　日本では「調査」=「アンケート」という図式が定着しているが，欧米の社会調査や社会科学分野では，**質的調査**の位置づけが日本以上に重視されている。たとえば，自然災害の被害によって集団移転を計画中の村の調査を行う場合，アンケート調査にみられるような**量的調査**では，賛成か反対か，村人は何を危惧しているのかなど，マクロな論点について概要をつかむことができるかもしれない。しかし，本当に今，そこで何が起きているのか，村人たちが何を感じているのかといった点は，実際に足を運び，長期間滞在し，村人たちの語りを聞かないとわからない。文化人類学や社会学が行うフィールドワークとは，まさにそれである。フィールドワークのスキルはメディアでの取材から企業の製品開発における市場調査までさまざまな場面で活用できる。

　質的調査とは，J. メイソンによると，社会がいかに解釈・理解・経験・生産されているかに重点を置く「解釈主義派」の立場に立ち，質的データが生み出される社会的コンテクストに対して柔軟かつ鋭い視点でデータの解釈および一般化を行う方法論に基づく研究である[1]。量的調査に比べて，調査対象の社会的コンテクストに即した研

---

(1) Mason, J., 1996, *Qualitative Researching*. London: Sage, p. 4.

究を行うことができるという利点がある一方，サンプル抽出における母集団との乖離の可能性に留意する必要があり，研究テーマに即した手法を選択することが重要となる(2)。質的調査は，文化人類学の主要な手法であるとともに，社会学においても20世紀初頭に都市の移民や逸脱者研究を行った**シカゴ学派**以来の伝統的な手法である。

基本的姿勢とフィールドノーツの書き方

　文化人類学におけるフィールドワークは，**自文化中心主義（エスノセントリズム）** に陥らないことはもちろんだが，調査者からの視点，すなわち外部からの客観的な見方（**エティックな視点**）ではなく，調査地の人びとが持っている視点から見る視点（**エミックな視点**）を持つことが基本とされる。そのためには長期間にわたって調査地に滞在し，調査対象者との信頼関係（ラポール）を構築することが重要であり，現地語の習得も必要である。また，これらに加えて，近年の文化人類学では，文化を記述するうえでの一方向性に対する反省（第14章参照）から，参与の度合いを高め，みずからの調査される人びとへのかかわりや調査地での実践に関する省察性を高めた参与観察，すなわち省察的参与観察（reflexive participant observation）が重視されるようになっている(3)。

　フィールドノーツは，参与観察やインタビューの記録という側面の他にも，論文の焦点を絞っていく作業，理論との関連性を模索する作業，重ねたインタビューから見えてきた点を記述する作業，また，一般化と解釈の総体としてのストーリーとして**民族誌**（エスノグラフィー）を書く

---

(2) Silverman, D., 1993, *Interpreting Qualitative Data*, London: Sage.
(3) Tedlock, B., 1991, "From Participant Observation to the Observation of Participation: The Emergence of Narrative Ethnography," *Journal of Anthropological Research*, 47(1): 69-94.

前段階としての作業として，非常に重要な意味を持つ。フィールドノーツを書くうえで重要な点は，後で読み返したときにその場の情景やインタビュイー（インタビューされる人）の表情などのすべてが蘇るように書くことである。また，インタビューを重ねるうちに，民族誌を書ける状態，すなわち一連のインタビューから論点が見え，かつ関連理論とのかねあいも見えてきている状態になる。これらのミクロな情報からマクロな情報までを網羅するかたちで書くことが重要である。

〈フィールドノーツ（インタビューメモ）の例〉
○○氏（50代後半）
移住プロセス（退社→留学→移住の過程）
日時：10月13日 9:30～11:00
場所：○○カフェにて。

　現地県人会にて出会った○○氏。県人会ですでに2度夕食を共にした事もあり，リラックスした状態。○○氏宅の近所のカフェ，左奥の落ち着いた席。窓が近く，時々言葉を選ぶ際は，窓の遠くを見るまなざしが印象的。先日はスーツだったが今日は縁なしメガネ，白ポロシャツにジーンズ，スニーカー。冒頭は少し言葉を選ぶようなしぐさや姿勢が動く様子。釣りの話で盛り上がり，場が和みインタビューを始める。インタビュー後もタイ釣りの話。

・日本時代：労働時間，責任，「海外」，「現実逃避としての海外旅行」
「仕事そのものは楽しかった」と語るように，アパレル業界での仕事を楽しみつつも，体育会系の雰囲気と労働時間の長さに次第に悩むようになる。

　　「アルバイトがいたら，正社員の自分はそこにいないといけないし，ノルマが結構厳しくて，それを達成できないと，正社員の自分が責められて……」

　皮膚の痒さに悩むようになった時に，「現実逃避での海外旅行」に目覚める。

　　「海外に行ったらもう，全部忘れてパーッと。それに海外って人生楽しんでいる感じが……」

聞き取り調査の方法論

　聞き取り調査には，質問の形式や構造化の度合いによって，インフォーマルインタビュー，半構造化インタビュー，フォーマルインタビューの3つの様式がある。インフォーマルインタビューは，主に文化人類学的な参与観察が主要なフィールドワークにおいて行われ，問わず語りや会話に近いものである。一方，フォーマルインタビューは，正式にインタビューの日時・場所を設定し，準備した質問を行っていく形式である。半構造化インタビュー（Semi-structured interview）は，両者の中間的位置づけであり，質的社会学では多用され，準備した**オープンエンドな質問**（例：……はいかがでしたか？）を会話の流れをみながら柔軟に調査される人びとに向けるものである。また，インタビュイーのサンプリング手法はさまざまだが，インタビューを行った方に次のインタビュイーの紹介を依頼する雪だるま式（スノーボールサンプリング）[4]が一般的である。インフォーマルインタビューは，調査者がフィールドワークを通して知りあった方やその紹介というレベルが多く，インタビューの数も事例研究（ケーススタディーメソッド：典型的な事例として少人数を深く掘り下げる）やインフォーマルインタビューの場合では10人以下，半構造化インタビューの場合20〜40人が目安であろう。

　聞き取り調査において重要な点は，その前段階としての初期調査である。一定期間調査地に滞在し，場合によっては調査される人びとの活動に参加し，エミックな視点を獲得していることが重要である。それを行っていないと，深い語りを聞き出せないばかりか，結論を誘導してしまう事態にも陥る可能性がある。佐藤郁哉が述べる

---

(4) Biernacki, P., and D. Waldorf., 1981, "Snowball Sampling: Problems and Techniques of Chain Referral Sampling," *Sociological Methods and Research*, 10(2): 141-163.

ように,初期段階のフィールドワークは仮説検証型というよりも,「何が大切な問題であるかを探るための探索的なもの」である[5]。また,一連の初期調査のなかで,**ゲートキーパー**を得ることが重要である。ゲートキーパーとは,調査地や調査対象に対する情報を提供するだけでなく,インタビュイーと調査者を媒介する存在ともなる調査協力者のことである。

初期調査にて論点が明らかになった後は,いきなり質問を考えるのではなく,大まかな柱,すなわち深く知りたい事項をリストアップする。インタビューでは多くの項目を聞くよりも,大きな柱を3つほど作るのが理想である。その後に,その大項目を明らかにするための質問を構成していく。半構造化インタビューやインフォーマルインタビューでは,オープンエンドな質問を作っていき,それらに優先順位をつけ,会話の流れをみながら場合によっては聞かない質問や必ず全員に聞く質問などの整理を行う。

これらの準備が整ったら,インタビュー依頼や日時・場所の調整を行う。インタビューはインタビュイーにとって快適な場所であることが重要である。依頼にあたっては,何についてのリサーチで,どのようなことを聞きたいか(例:「移住研究をしていて〇〇さんが移住するに至った経緯についてお話を……」など)を伝える。この際,専門用語を使わずに,簡潔に伝えることが重要である。また,インタビュイーにとっての不安要素を早い段階で取り除くことも重要であり,プライバシー遵守の説明(例:「お聞きした内容を論文で使う場合は,個人が特定できないかたちで……」)および所要時間の目安も伝えるとよい。前日までに情報提示シートを作成しておく。情報提示シートには,調査協力への謝辞,調査テーマの概要,プライバシー遵守の説明,(録音時は)録音依頼,インタビューを中断できる権利

---

(5) 佐藤郁哉,2002,『フィールドワークの技法』新曜社。

聞き取り調査　フォーマルインタビューからインフォーマルインタビューまでさまざまなかたちがある

の説明，調査者および所属機関の住所・連絡先・氏名などを簡潔に記す。

　聞き取り調査の冒頭では，情報提示シートを手渡し，雑談で場を和ませたうえで，インタビューを開始する。情報提示シートには調査概要も記しているが，それを熟読するとは限らないため，適度な雑談を行った後に「〇〇に関する調査を行っていて，今日はAさんの〇〇のご経験についてお話をおうかがいできればと思っています」のように，議論の柱を示しておくと，何を聞かれるのか警戒するインタビュイーの不安を取り除くことができる。

　インタビュイーは，多くを語る方とそうでない方がおり，前者は「脱線」，後者は一問一答型の「尋問」になってしまうという「失敗」を，多くのフィールドワーカーは経験する。その場合の対処法は，以下のとおりである。多くを語る方で「脱線」した場合，無理に話を戻そうとせずに，流れに沿う質問をしたり，質問の順番を変えたりして対処する。すべての質問項目を聞きだす必要はないが，すべてのインタビュイーに聞く予定の質問項目については，時間内にうまく切り出して聞くバランスも重要となる。一方，多くを語らない方で一問一答的になった場合は，さらに聞きだす柔軟な質問を入れるようにする。たとえば，「先ほど〇〇とおっしゃった点につ

第20章　フィールドワークに出よう　　165

いて，何かエピソードはありますか？」や「なるほど，それは具体的に言うと……」など，具体的な語りを引き出すセリフや質問を入れていく。また，語らない方の場合，「インタビュー後の雑談」で意外と語ってもらえる場合も多いため，インフォーマルインタビューとしての雑談を楽しむ姿勢をもつことが重要である。

聞き取り調査後の作業

　インタビュー後は記憶がすぐに薄れるため，その日のうちに冒頭に示したインタビューメモおよびフィールドノーツを書く。「テープ起こし」を後ほど行う場合も，その作業をすみやかに行うべきである。インタビュー直後ならば，ある程度語りの主旨や語りの細部も記憶しているため，特にリサーチの論点に関連する語りは，記憶の範囲内で書き起こしたうえで，その場で考察を記しておくことが重要である。

　テープ起こしを行う場合，それらの語りに「見出し」をつけて，何に関連する語りかが，後ほどわかるようにしておく。この作業は一般的にコーディングと呼ばれ，各種のソフトウェアもあるが，インタビュー人数が少ないリサーチの場合や，質的調査に慣れていないうちは無理に使用する必要はない。テープ起こし原稿の左端に何の語りかわかるよう数行に一つを目安に見出しを振っておくとよい。これらの作業は経験が重要だが，インタビューを重ねるうちに，論文の要旨や関連理論との関係性がみえる状況になっていくことが多い。佐藤はこの点について暫時構造化法的アプローチと呼び，①問題の構造化，②データ収集，③データ分析，④民族誌執筆の作業を同時進行的に行うなかで，分離エラー（データと執筆者の解釈の乖離）を避けられることを指摘している[6]。

さらに勉強したい学生のための読書案内

佐藤郁哉, 2002,『フィールドワークの技法』新曜社。
フィールドワークを行う際の注意点やフィールドノーツの書き方などについて解説。

武田丈・亀井伸孝編, 2008,『アクション別フィールドワーク入門』世界思想社。
フィールドワーク未経験者にとって, フィールドワークがいかなるものかイメージをつかむことができる本。参考文献の紹介も充実している。

---

(6) コーディング作業の具体的事例や暫時構造化法的アプローチの詳細は, 佐藤郁哉, 2002,『フィールドワークの技法』新曜社, 第6章を参照するとよい。

おわりに

　本書は，文化人類学や社会学あるいは比較文化論を学びはじめた大学1～2年生を対象にしたテキストであり，重要な理論や視点をわかりやすく説明することを主眼として書かれている。
　私がこの本を出版するに至った背景は，大学院に進学する前の大学時代のゼミでの苦い思い出にまで遡る。私は複数のゼミをノマドのように渡り歩いたのだが，M. ウェーバー，E. サイード，小熊英二まで多くの専門文献を読んだ。なかでも深く記憶に残っているのが，C. ギアーツの『ローカル・ノレッジ』の原典，すなわち英語版を読む作業である。当時の私は，それがどのような学問的系譜のもとで，どのような学術的意義やインパクトを持っていたのかわからないまま，ひたすら難解な英語と苦闘していた。今となっては，ギアーツの人類学的解釈や記述の深さを楽しむことができるわけだが，当時の私には，例えるならばギアーツという「葉」の細密性を楽しむための前段階が足りていなかった。後に大学院に進学した際に，恩師大谷裕文教授は，難解な理論も学生にわかる言葉で説明し，「木の全体像」と「枝振り」を的確に示され，私自身，感銘を受けた記憶がある。本書がめざしたのは，まさにそのような作業であり，本書をきっかけに，学生たちには「さらに勉強したい学生のための読書案内」に紹介している文献を貪欲に読んで，葉の美しさ，すなわち学問の楽しさを追求してもらいたいと願っている。
　文化人類学や社会学は，理論と実践の双方を楽しむことができる学問である。「社会学的考察」や「文化人類学的に解釈すること」は，事例に対して理論を「使いながら」解釈的に分析・考察することである。その作業には一定の経験とセンスが必要だが，本書はそのトレーニングとして，各章でのディスカッションテーマやフィールドワークの方法論も掲載している。これらの取り組みを通して，文化人類学と社会学のおもしろさや奥深さを感じるとともに，大学3年生以降の研究や卒業論文執筆に活用してもらえれば幸いである。
　最後になるが，本書の出版を快諾していただき，編集作業中に有益なアドバイスをいただいた世界思想社編集部，執筆中に読者の立場からのフィードバックや励ましを与えてくれた学生たちに深く感謝したい。

2017年3月

編者　長友　淳

人名索引

あ行

アパデュライ（Appadurai, Arjun）　121, 124, 125
アーリ（Urry, John）　16, 25, 67, 108, 111
アルチュセール（Althusser, Louis Pierre）　24, 33
アンダーソン（Anderson, Benedict R.）　68, 69, 71, 85
岩渕功一　33, 34, 103, 126, 140, 141
ウィリアムズ（Williams, Raymond）　98, 99
ウィリス（Willis, Paul）　101, 115
ウェーバー（Weber, Max）　22, 25, 26, 42, 65
ウォーラーステイン（Wallerstein, Immanuel）　73-75, 78
エヴァンズ=プリチャード（Evans-Prichard, Edward E.）　52, 55
太田好信　110, 117, 119, 120
小熊英二　92

か行

ギアーツ（Geertz, Clifford）　14, 16, 114, 115
ギデンズ（Giddens, Anthony）　29, 31, 43, 67, 70, 122, 123
ギルロイ（Gilroy, Paul）　102
グラムシ（Gramsci, Antonio）　94, 100
クリフォード（Clifford, James）　14, 91, 116, 120, 124
ゲルナー（Gellner, Ernest）　68, 69
ゴッフマン（Goffman, Erving）　16, 23
コント（Comte, Augste）　20, 22

さ行

サイード（Said, Edward W.）　14, 25, 91, 93, 115
サッセン（Durkheim, Emile）　76, 77
サーリンズ（Sahlins, Marshall）　59, 60
ジンメル（Simmel, Georg）　22, 23
スピヴァク（Spivak, Gayatri Chakravorty）　94
スミス（Smith, Anthony D.）　69
スミス（Smith, Valene L.）　106

た行

タイラー（Tylor, Edward B.）　15
デュルケーム（Durkheim, Emile）　21, 25, 57, 58, 64, 65, 81, 83
テンニース（Tönnies, Ferdinand）　65, 82

は行

ハーヴェイ（Harvey, David）　72, 76, 121
バウマン（Bauman, Zygmunt）　78, 122
バーガー（Berger, Peter L.）　25
パーソンズ（Parsons, Talcott）　24, 64
バトラー（Butler, Judith）　146, 147
バルト（Barth, Frederic）　29
バルト（Barthes, Roland）　24
ブーアスティン（Boorstin, Daniel J.）　107
ブルデュー（Bourdieu, Pierre）　26, 99, 144
ベッカー（Becker, Howard S.）　23, 27
ベック（Beck, Ulrich）　70, 71, 79
ベネディクト（Benedict, Ruth）　14, 17, 19, 68, 85, 114
ボアズ（Boas, Franz）　13, 17, 23, 114
ホブズボウム（Hobsbawm, Eric J.）　16, 84
ポランニ（Polanyi, Karl）　60
ホール（Hall, Stuart）　16, 33, 99, 100, 133, 142

ま行

マーカス（Marcus, George E.）　14, 116, 119, 120
マッカネル（MacCannell, Dean）　107
マリノフスキ（Malinowski, Brownislaw）　13, 56, 57, 62, 114
マルクス（Marx, Karl）　22, 26, 43, 74
ミード（Mead, Margaret）　14, 35, 114
モース（Mauss, Marce）　26, 50, 57, 58, 60, 62

や行

山下晋司　85, 106, 111

ら行

ラドクリフ=ブラウン（Radcliff-Brown, Alfred R.）　13
レヴィ=ストロース（Lévi-Strauss, Claude）　14, 24, 58, 59, 62

事項索引

数字・アルファベット

5つのスケープ論　121
AGILの図式　24

あ行

アイデンティティの政治　⇒アイデンティティ・ポリティクス
アイデンティティ・ポリティクス　33, 117, 143, 144, 146, 148-150
厚い記述　14, 16, 115
アノミー（anomie）　21, 83
異種混交性　90, 93, 123
一望監視装置　⇒パノプティコン
イーミック　⇒エミック
インフォーマルインタビュー　163, 164, 166
エスニシティ　31, 34, 101, 145
エスニック・マイノリティ　31, 46, 47, 67, 108, 109
エスノグラフィー　⇒民族誌
エスノセントリズム　⇒自文化中心主義
エティック　161
エミック　12, 114, 116, 161, 163
エンコーディング・デコーディング（encoding/decoding）　100
オリエンタリズム　25, 91, 93

か行

解釈人類学　14, 114, 115
価値自由　22
割礼　18
『観光のまなざし』　16, 26, 67, 85, 108
聞き取り調査　12, 19, 27, 114, 115, 163, 165, 166
記号消費　98
擬似イベント　107
帰属意識　29-32, 68　⇒多元的帰属意識
供犠　57, 58
禁忌　⇒タブー
クラ交換　56, 57
クール・ジャパン　86, 103, 141
ゲスト　106-109, 111, 117, 118
ゲゼルシャフト　65, 82
ゲートキーパー　164
ゲマインシャフト　65, 82
現象学的社会学　25
言説　25, 38, 69, 94, 130, 140, 146
後期近代　43, 45, 48, 64, 70
構造主義　14, 24, 58, 59, 62, 66, 114
構築主義　14, 16, 25, 87
国民国家　43, 45, 46, 67, 68, 71, 83-86, 92, 102, 123, 125, 133
互酬性　58-60

さ行

再帰性　70
サバルタン　94, 118
参与観察　12, 20, 27, 119, 120, 134, 161, 163
シカゴ学派　23, 114, 161
時間と空間の圧縮　72, 121
『自殺論』　21, 83
下からのグローバル化　125
質的調査　12, 27, 114, 115, 160, 161, 166

171

疾病　53
シニフィアン　59
シニフィエ　59
自文化中心主義　12, 140, 161
社会資本　131
社会的交換論　60
邪術　52
呪術　49-55, 57
主体　16, 20, 24, 93, 94, 96, 118, 124
出版資本主義　69
省察的参与観察　119, 161
植民地主義　12, 29, 93, 123, 124
新自由主義　⇒ネオリベラリズム
真正性　39, 40, 107, 111, 119
シンボリック相互作用論　23
信頼関係　12, 114, 161
性別分業　35-38
セックス・ツーリズム　108
戦略的本質主義　110, 117, 119, 148
想像の共同体　68, 69, 85, 92
ソフト・パワー　103, 140

た行

多元的医療体制　53
多元的帰属意識　127
他者
　——化　33, 93, 147, 148
　——との関係性　22, 30
　「——」へのまなざし　91, 92
脱構築　93, 139, 147
脱宗教化　65
脱魔術化　42, 44, 65
脱領域化/脱領土化　124, 133, 139
タブー　57, 59
多文化主義　131
男女雇用機会均等法　37
地域通貨　61, 62
中間層　26, 47, 128-132

通過儀礼　18
創られた伝統　83-87
ディアスポラ　30, 33, 102, 133
ディスクール　⇒言説
トーテミズム　58
トピックセンテンス　154-156
ドラマトゥルギー論　23
トランスナショナリズム　15, 125-127, 133

な行

二重意識　145
ネオリベラリズム(新自由主義)　76
ネーション(nation)　29

は行

パノプティコン　25, 67
ハビトゥス　26, 144, 145
ハーフ　30, 33, 40
パフォーマティビティ　147
半構造化インタビュー　163, 164
肘掛け椅子の人類学者　13
ファンダメンタリズム　44-48
フィールドノーツ　12, 161, 162, 166, 167
フェミニズム　36, 94
フォーマルインタビュー　163
プッシュ要因　128
フランクフルト学派　99
ブランド・ナショナリズム　140
ブリコラージュ　59
プル要因　128
『プロテスタンティズムの倫理と資本主義の精神』　22, 65
文化資本　99, 143-146
文化相対主義　17-19, 142
文化帝国主義　137
文化の客体化　117, 119
分節・節合　100, 137

ヘゲモニー　　73, 75, 100
ポイント制　　131
ホスト　　106-109, 111, 117, 118
ポスト・フォーディズム社会　　97
ポスト構造主義　　24, 99, 100
ポリティカル・エコノミー論　　14
本質主義　　25, 117, 119, 139, 142, 148
　　　⇒戦略的本質主義
　　――的　　30, 36, 37, 90, 110

ま行

マルクス主義　　94, 98, 99
マンチェスター学派　　114
ミドルクラス　　⇒中間層
民族誌　　12-14, 56, 62, 88, 114-117, 120, 161, 162, 166
民族自決　　30

や行

病い　　53
妖術　　50, 52, 55

ら行

ライフスタイル移住　　128
ラベリング理論　　23, 27
ラポール　　⇒信頼関係
リキッド・モダニティ　　78, 122
リスク社会　　70, 71, 79
量的調査　　12, 160
ローカリゼーション　　138

執筆者紹介（執筆順）

長友　淳（ながとも　じゅん）編者
　　　　　　　　　　　　　　　1, 2, 3, 7, 8, 14, 15, 16, 19, 20 章執筆

奥付の編者紹介を参照。

齋藤　大輔（さいとう　だいすけ）4, 5, 6, 13, 17 章執筆

青山学院大学地球社会共生学部地球社会共生学科准教授。チュラロンコーン大学文学部タイ研究科留学を経て，西南学院大学大学院国際文化研究科博士号取得，2015 年より現職。専門は文化人類学，東南アジア研究。
主な著書に『文化のグローカリゼーションを読み解く』（共著，弦書房），『アジアから観る，考える――文化人類学入門』（共著，ナカニシヤ出版）など。

濱野　健（はまの　たけし）9, 10, 11, 12, 18 章執筆

北九州市立大学文学部人間関係学科准教授。九州大学比較社会文化学修士号取得，ウェスタン・シドニー大学 PhD 取得。2013 年より現職。専攻は社会学・文化研究。とりわけ現代日本社会の変動と国際移動，および結婚や国際離婚などに関する研究。
主な著書に『日本人女性の国際結婚と海外移住――多文化社会オーストラリアの変容する日系コミュニティ』（明石書店），*Searching Better Lifestyle in Migration: The Case of Contemporary Japanese Migrants in Australia*（Lambert Academic Publishing）。

長友　淳（ながとも　じゅん）

関西学院大学国際学部教授。慶應義塾大学総合政策学部卒業。西南学院大学大学院文学研究科修士号取得，クイーンズランド大学PhD（社会学）取得，2010年関西学院大学国際学部専任講師，2013年より現職。専門は社会学および文化人類学，移民研究，グローバル化研究。
主な出版物に『日本社会を逃れる——オーストラリアへのライフスタイル移住』（彩流社），*Migration as Transnational Leisure: The Japanese Lifestyle Migrants in Australia*（単著，Brill），*Feminism and Migration: Cross-Cultural Engagements*（共著，Springer），*Development in Asia: Interdisciplinary, Post-neoliberal, and Transnational Perspectives*（共著，Brown Walker Press），主な論文に "De-territorialized Ethnic Community: The Residential Choices and Networks among Japanese Lifestyle Migrants in South-East Queensland" (*Japanese Studies*, 31(3), 2011) など。

グローバル化時代の文化・社会を学ぶ
——文化人類学／社会学の新しい基礎教養

2017年4月30日　第1刷発行	定価はカバーに
2024年9月20日　第4刷発行	表示しています

編　者　　長　友　　　淳

発行者　　上　原　寿　明

世界思想社

京都市左京区岩倉南桑原町56　〒606-0031
電話　075(721)6500
振替　01000-6-2908
http://sekaishisosha.jp/

© J. NAGATOMO 2017　Printed in Japan　　　（印刷 太洋社）

落丁・乱丁本はお取替えいたします。

JCOPY　〈(社)出版者著作権管理機構 委託出版物〉
本書の無断複写は著作権法上での例外を除き禁じられています。複写される場合は，そのつど事前に，(社)出版者著作権管理機構（電話 03-5244-5088　FAX 03-5244-5089　e-mail: info@jcopy.or.jp）の許諾を得てください。

ISBN978-4-7907-1696-9

『グローバル化時代の文化・社会を学ぶ』の読者にお薦めの本

[増補版]トランスポジションの思想
文化人類学の再創造
太田好信

その問題提起により大きな話題を呼んだ書に，文化理論をめぐる地殻変動を捉え返す「文化概念の往還」を書き下し増補。待望の注目作。

2,500 円（税別）

世界システムという考え方
批判的入門
山田信行

40 年にわたって社会科学全般に影響を与えてきたウォーラスティンの世界システム分析。壮大なパラダイムをコンパクトに概説する。

2,400 円（税別）

文化人類学の思考法
松村圭一郎・中川理
・石井美保 編

文化人類学は，あたりまえの外へと出ていくための思考のギア（装備）だ！ 最先端の道具が一式詰まった，考える人のための心強い道具箱。

1,800 円（税別）

基礎ゼミ 社会学
工藤保則・大山小夜
・笠井賢紀 編

読んで，書いて，話して，洞察力をみがく。レポートやプレゼンのコツをつかむ。アクティブな学びを引きだす教科書シリーズ創刊！

2,100 円（税別）

ジェンダーで学ぶ文化人類学
田中雅一・中谷文美 編

さまざまな文化に学び，ジェンダーとセクシュアリティの視点から世界をとらえなおすための，斬新なテクスト。

2,300 円（税別）

[全訂新版] 現代文化を学ぶ人のために
井上俊 編

流動化する現代文化の輪郭を，都市・消費・情報という基軸から描き，音楽，映像，マンガ，スポーツなどの個別フィールドに分け入る。

2,000 円（税別）

ジェンダー人類学を読む
地域別・テーマ別基本文献レヴュー
宇田川妙子・中谷文美 編

大きな転換期を迎えつつあるジェンダー人類学の膨大な蓄積を整理し，問題点と可能性を探る。今後のすべての議論の出発点となる 1 冊。

3,000 円（税別）

フィールドワークへの挑戦
〈実践〉人類学入門
菅原和孝 編

仕事・社会・コミュニケーション・宗教・異文化の 5 分野を網羅し，40 人のフィールドワークに実践的な助言を満載した最良の指南書！

2,300 円（税別）

定価は，2024 年 9 月現在